LETTRES INDUSTRIELLES.

CONSEILS GÉNÉRAUX

DE

L'AGRICULTURE, DES MANUFACTURES ET DU COMMERCE,

SESSION DE 1846.

EXPOSITION DES PRODUITS DE L'INDUSTRIE

A BERLIN, A MADRID ET A VIENNE.

PAR

CH. SALLANDROUZE DE LA MORNAIX,

Membre du Conseil général des Manufactures.

PARIS,

TYPOGRAPHIE DE FIRMIN DIDOT FRÈRES,

IMPRIMEURS DE L'INSTITUT DE FRANCE,
Rue Jacob, 56.

1846.

LV

LETTRES

INDUSTRIELLES.

PARIS.— TYPOGRAPHIE DE FIRMIN DIDOT FRÈRES, RUE JACOB, 56.

LETTRES
INDUSTRIELLES.

CONSEILS GÉNÉRAUX

DE

L'AGRICULTURE, DES MANUFACTURES ET DU COMMERCE,

SESSION DE 1846.

EXPOSITION DES PRODUITS DE L'INDUSTRIE

A BERLIN, A MADRID ET A VIENNE.

PAR

CH. SALLANDROUZE DE LA MORNAIX,

Membre du Conseil général des Manufactures.

PARIS,

TYPOGRAPHIE DE FIRMIN DIDOT FRÈRES,

IMPRIMEURS DE L'INSTITUT DE FRANCE,
Rue Jacob, 56.

1846.

A M. CUNIN-GRIDAINE,

MINISTRE DE L'AGRICULTURE ET DU COMMERCE.

—=—o—=—

MONSIEUR LE MINISTRE,

Je désirais donner à ce petit ouvrage l'appui de l'un des noms qui honorent notre industrie contemporaine. Le vôtre est venu naturellement à ma pensée et sous ma plume.

Les *Lettres industrielles* contiennent un résumé succinct de la dernière session des conseils généraux de l'agriculture, des manufactures et du commerce; quelques vues

1.

sommaires sur les expositions des produits de l'industrie à Berlin, à Madrid et à Vienne. Je devrais donc les placer sous le patronage du ministre qui a donné une force nouvelle à l'institution des conseils généraux, qui a voulu qu'une étude comparative des industries rivales de la nôtre nous permît d'apprécier et de suivre tous les progrès accomplis autour de nous. Je devrais surtout un témoignage particulier de reconnaissance au ministre qui a bien voulu, il y a peu de temps, me confier la mission honorable d'aller, de concert avec un savant économiste, constater la situation actuelle de l'industrie espagnole, et qui, depuis, a récompensé mon zèle par une flatteuse approbation.

Cependant, c'est moins au ministre que je voudrais faire accepter l'hommage de mon travail qu'au grand manufacturier qui a su développer une des branches importantes de notre production nationale; qui, par ses propres forces et son intelligence, a su conquérir une des positions les plus éminentes du pays. Je serais heureux de mériter l'approbation du ministre éclairé, mais plus heureux encore, je l'avoue, d'obtenir l'estime et les sympathies personnelles de l'un des plus honorables représentants de l'industrie française.

Agréez,

Monsieur le Ministre,

L'assurance de ma haute considération,

CH. SALLANDROUZE DE LA MORNAIX.

Ces lettres ont déjà paru en partie dans la *Presse;* elles ont été accueillies avec une grande bienveillance par les membres des conseils généraux de l'agriculture, des manufactures et du commerce. Quelques-uns d'entre eux ont paru croire que la publication de ces articles réunis en un seul corps aurait quelque utilité. En déférant à cette opinion, l'auteur ne s'est point mépris sur la valeur d'un travail nécessairement incomplet; mais il a compté beaucoup sur le vif intérêt qui s'attache aujourd'hui à toutes les études industrielles.

PREMIÈRE LETTRE.

SÉANCES

DES

CONSEILS GÉNÉRAUX DE L'AGRICULTURE,

DES MANUFACTURES ET DU COMMERCE.

SESSION DE 1846.

A M..., président de la Chambre du commerce de...

PREMIÈRE LETTRE.

« Vous regrettez, mon cher ami, de ne pouvoir assister aux séances de nos conseils généraux. Vous me parlez des résultats probables de notre session, du mouvement général des idées industrielles, des services que peut rendre une réunion d'hommes spéciaux et pratiques ; vous comparez les intérêts politiques actuels avec les grands intérêts du commerce, de l'industrie et de l'agriculture ; enfin, vous nous mettez en face des chambres qui vont bientôt s'ouvrir, et peu s'en faut que vous ne donniez à notre petite assemblée consultative une partie de l'importance accordée, sous un gouvernement constitutionnel, à la véritable représentation nationale.

« Il m'en coûterait, vous le comprenez, de vous dire que je ne partage pas toutes vos espérances. Je remplirai donc la promesse que je vous ai faite : je vous ferai, autant qu'il sera en moi, assister aux délibérations des conseils généraux; je m'efforcerai de vous initier, pour ainsi dire, jour par jour à leur travail intérieur. Votre intelligence si vive et si compréhensive me rendra la tâche moins difficile. Vous ne chercherez pas dans ces pages rapides une discussion approfondie sur chaque matière importante; ce serait là un labeur immense, inutile pour ceux qui connaissent comme vous la plupart des faits industriels de notre époque, plus inutile encore pour ceux qui ne font point du commerce et de l'industrie une étude suivie et spéciale.

« Du reste, quels que soient les résultats de la session des conseils généraux, je dois vous annoncer tout d'abord que les questions posées par le gouvernement sont d'une haute gravité. Jamais peut-être ces conseils n'avaient été mis à une si rude épreuve, jamais on ne les avait appelés à prendre leur part d'une si grande responsabilité. Lorsqu'ils furent réunis il y a quatre ans, on demanda leur avis sur des questions de tarif et de douanes, sur des améliorations partielles de notre système agricole; aujourd'hui, ils auront à débattre des intérêts sinon plus importants, du moins d'un ordre plus élevé : on soumet à leurs discussions des matières qui touchent à la fois et par tous les côtés aux plus vastes théories d'économie politique et d'organisation sociale.

« Ainsi, par exemple, ils auront non-seulement à proposer des modifications nécessaires à la loi sur le travail des enfants dans les manufactures, à compléter cette loi par des dispositions sur les contrats d'apprentissage ; ils auront à donner leur avis sur l'établissement d'une caisse de retraite pour les travailleurs invalides ; ils auront encore à chercher les moyens de fonder le crédit agricole.

« Ce n'est même là qu'une partie de leur travail, et vous jugerez si c'en est assez pour remplir une session d'un mois. Il s'agirait, si l'on voulait arriver à la solution complète de quelques-unes de ces questions, d'étudier tout ce qui touche à la vie intime des classes laborieuses ; il s'agirait de mettre le pied sur le terrain brûlant de l'organisation du travail, de s'engager dans une voie décisive, de proclamer un principe dont il n'est peut-être pas permis encore de prévoir les conséquences.

« Pourtant il n'entre pas dans ma pensée, vous le savez mieux que personne, de mettre en doute la haute sagesse et les bonnes intentions du ministre qui dirige la marche des conseils généraux.

« Ce qu'il fait aujourd'hui est amené par la force des choses; le gouvernement ne peut rester étranger au mouvement général des idées. Les esprits se préoccupent des questions sociales; on s'inquiète du sort des travailleurs; on veut avant toute chose améliorer, moraliser les classes pauvres; les thèses d'organisation soutenues par les économistes sont devenues populaires, elles se présentent sous toutes leurs faces, elles ont emprunté jusqu'aux formes saisissantes du roman pour pénétrer partout. Il serait absurde de dire que le gouvernement, au milieu de tant de réclamations diverses faites au nom de la société tout entière, doit s'abstenir et rester impassible. Il fait donc ce qu'il doit faire : il veut que les théories soient jugées par des hommes de pratique et d'expérience; il ne présente même, de toutes ces théories, que ce qui paraît d'une application immédiate, ce qui peut s'accomplir sans secousse apparente, ce qui semble devoir se greffer sans difficulté sur nos institutions actuelles.

« Oui, sans doute, c'est le devoir du gouvernement de tout faire pour que ces questions soient discutées par des hommes éclairés et spéciaux. Mais, s'il faut vous exprimer ma pensée tout entière, je crois que dans les circonstances présentes, elles seront soulevées sans résultat. Les conseils généraux des manufactures, de l'agriculture et du commerce sont, pour juger ces questions, d'une compétence évidente, incontestable ; mais ils ne peuvent faire en un mois un travail de plusieurs années ; ils ne peuvent, dans de courtes sessions séparées entre elles par de longs intervalles, accomplir ce qui exigerait une organisation permanente, des réunions fréquentes, des idées et un plan mis en commun.

« Ce n'est pas le lieu, au surplus, de vous rappeler ce que beaucoup d'hommes pratiques trouvent à reprendre dans le mode d'existence et dans le rôle actuel des conseils généraux des manufactures, de l'agriculture et du commerce. Nous saurons plus tard quelles sont à ce sujet les intentions du gouvernement, et nous ne doutons pas qu'elles ne soient conformes à l'intérêt général. Notre administration est assez sage pour ne pas négliger un auxiliaire dont elle pourrait tirer de si grands avantages dans les circonstances difficiles ; elle est assez habile pour ne pas laisser sans aucun profit s'user une institution qui pourrait prendre souvent une grande part de responsabilité dans les questions si épineuses d'intérêt matériel.

« Après avoir fait une large part à cette impression que laisse d'abord dans l'esprit l'ensemble des questions posées par la circulaire de M. le Ministre, je dois maintenant, mon cher ami, vous parler, non de ce qui pourrait se faire, mais de ce qui se fera, de cette réalité qui réduit à leur juste valeur les proportions de toutes choses. En lisant le discours par lequel M. le Ministre du commerce a ouvert notre session, vous comprendrez que les questions soumises à l'ordre du jour sont surtout les questions partielles, les questions pratiques, déjà mûries par de premières expériences législatives.

« Le discours de M. le Ministre pose d'une manière très-lucide, très-sage, les principales questions dont les conseils devront s'occuper.

« Il appelle d'abord, et avant tout, leur attention sur l'agriculture, le plus grand intérêt du pays. Des comices et des sociétés départementales ont été établis presque sur tous les points du royaume ; des cours publics répandent l'enseignement supérieur de l'agriculture. Il faut maintenant que de nouvelles dispositions législatives viennent en aide à l'industrie agricole. Les conseils généraux auront donc à donner leur avis sur les mesures les plus propres à compléter la loi du 29 avril 1845 sur les irrigations; ils auront à étudier les moyens les plus convenables pour encourager l'amélioration des types producteurs, et l'introduction des meilleures méthodes d'élevage du bétail; enfin, pour faire cesser la *vaine pâture.*

« Mais il existe une question qui se lie plus

intimement encore à la prospérité de l'agriculture, c'est celle du crédit agricole. M. le Ministre pense que le législateur devrait maintenir entre l'agriculture, l'industrie et le commerce, l'égalité du crédit, qui peut seule assurer l'égalité des moyens de produire. Pour arriver à ce but, des travaux ont déjà été faits, les conseils généraux des départements ont été consultés; des hommes spéciaux ont été envoyés dans les pays voisins, et notamment en Allemagne, pour y étudier les institutions agricoles. Leurs travaux se trouveront naturellement secondés et complétés par ceux de la commission chargée par M. le Garde des sceaux de préparer les modifications à introduire dans notre régime hypothécaire.

« Le gouvernement a fait pour l'industrie ce qu'il a fait pour l'agriculture. Il a cherché à lui donner une impulsion nouvelle. Il a étudié la marche et les progrès de l'industrie étrangère; il a envoyé des délégués à Berlin, à Vienne, à Madrid. A l'intérieur, il a encouragé par toutes les voies possibles l'éducation professionnelle, le meilleur élément des progrès à venir.

« Mais il s'agit aujourd'hui de mettre la législation au niveau du développement industriel. Une loi a été rendue, le 5 juillet 1844, sur les brevets d'invention. Les chambres sont saisies de projets de loi sur les marques industrielles et commerciales, sur les modèles et dessins de fabrique, sur les livrets des ouvriers. Comme complément de ces projets, il reste à réglementer les contrats d'apprentissage, à compléter l'institution des prudhommes, à étendre l'application de la loi du 22 mars 1841 sur le travail des enfants dans les manufactures; il reste enfin à fonder ou à préparer les fondations d'une institution de prévoyance pour assurer aux classes ouvrières des ressources en cas de chômage, de maladie et d'infirmité. A côté, ou plutôt au delà des caisses d'épargne, des caisses de *secours mutuels*, des assurances mutuelles sur la vie, pourrait peut-être se former une caisse de *retraite pour les ouvriers*. Des études ont été faites à ce sujet, et les documents recueillis seront mis sous les yeux des conseils.

« Parmi les objets qui intéressent le commerce, M. le Ministre a placé en première ligne, comme matière d'étude, une législation complète sur les sociétés par actions, la révision de quelques articles du Code de commerce relatifs à l'acceptation et au payement des lettres de change, et au délaissement en matière d'assurances maritimes; puis trois questions importantes de douane qui concernent, 1° l'administration des fers étrangers employés aux constructions navales, 2° l'admission des fers du

Nord sur la fabrication de l'acier, 3° une mo-
dification dans le tarif des cotons filés.

« Après avoir indiqué cette série de questions
à traiter, M. le Ministre présente aux conseils un
exposé sommaire de la situation de notre commerce extérieur. Il résulte, de cet exposé, que
le chiffre représentant nos échanges avec les
pays étrangers suit un mouvement ascensionnel. La crise de 1842 n'a eu qu'un résultat très-
passager, et ses effets ne se sont guère fait sentir plus d'une année. En 1844, le commerce
général de la France avec les colonies et les
puissances étrangères a porté sur une valeur
totale de 2 milliards 340 millions, ce qui donne
161 millions de plus qu'en 1843 et 248 millions
de plus que la moyenne des cinq années anté-
rieures (1839 à 1843). Comparativement à 1843,
l'accroissement est de 6 p. 100 pour le mouvement par mer, et de 12 p. 100 pour le mouvement par terre.

« Mais, tout en constatant les progrès de notre
commerce extérieur, M. le Ministre du commerce reconnaît que la marine étrangère s'est
développée plus que la nôtre. Il signale les causes de notre infériorité, et il pense qu'on doit
l'attribuer à deux causes principales. D'abord,
nous n'avons pas, comme les pays du Nord, des
marchandises encombrantes à transporter, telles
que les bois de constructions, les houilles, etc. ;

nous n'exportons que des produits fabriqués, ayant une grande valeur sous un faible volume. Et, de plus, nos populations agricoles ne sont pas poussées par leurs instincts vers la navigation et le commerce extérieur : les matériaux nécessaires à nos constructions navales sont d'un prix plus élevé, nos armements plus coûteux.

« Voici en quelques mots les avantages et les inconvénients de notre situation industrielle présente, les espérances de notre situation future.

« Immédiatement après l'exposé de M. le Ministre, les conseils ont commencé leurs travaux ; ils se sont réunis aujourd'hui chacun dans le lieu respectif de leur séance, et sont définitivement constitués. La présidence a été déférée à des hommes dont le nom est à lui seul une garantie pour le succès des travaux ultérieurs.

« M. le duc Decazes a été nommé président du conseil général d'agriculture, et les fonctions de la vice-présidence sont remplies par MM. de Gasparin, Darblay, Tourette. M. Legentil présidera le conseil général du commerce, et aura pour vice-président M. Laroche. M. Mimerel a été élu de nouveau président et M. Bérard vice-président du conseil général des manufactures, qui, séance tenante, a formé une commission des vœux, à laquelle seront soumises toutes les questions nouvelles. Cette commission se compose de MM. Bérard, Fulchiron, Godard, Desmarets, Prairenézieux, Talabot, Guibal, Roard, Sallandrouze, Saulnier, Lebœuf, Camus et Chevreuil. Elle a ouvert immédiatement ses travaux par la question si grave de l'association houillère des bassins de la Loire.

« M. le ministre du commerce a indiqué une réunion de tous les conseils pour le lundi de chaque semaine; il a mis à l'ordre du jour la question de l'introduction des fers étrangers, celle du crédit agricole, et celle de la caisse de retraite pour les ouvriers.

« Ainsi, toutes ces hautes et graves questions que je viens de faire passer rapidement sous vos yeux, vont revenir bientôt dans mes lettres, élucidées et résolues en partie par les conseils généraux. Il faut bien suppléer au temps par l'activité, et tout se prépare pour un travail à la fois rapide et sérieux. Vous suivrez, j'en suis sûr, mon ami, ces discussions avec un intérêt que je tâcherai d'amoindrir le moins possible, malgré la sécheresse inévitable d'un compte-rendu. »

DEUXIÈME LETTRE.

SOMMAIRE.

DEUXIÈME LETTRE.

« En lisant le discours de M. le Ministre du commerce, vous avez dû facilement, mon cher ami, remarquer, par la position même des questions, le degré d'importance qu'il leur attribue. Les conseils généraux sont disposés à donner à tous les intérêts l'attention la plus sérieuse.

« M. le Ministre assigne, ainsi que nous l'avons vu, le premier rang aux intérêts agricoles : l'agriculture est, en effet, la première source de la richesse publique ; c'est elle, d'ailleurs, qui a le plus besoin d'être soutenue et protégée. Elle n'est point encore organisée *industriellement* ; elle manque de ces institutions de crédit qui multiplient avec tant de puissance les moyens de produire. Lorsqu'on sera parvenu à faire cesser les abus de la vaine pâture, à introduire les meilleures méthodes d'élever le bétail et d'améliorer les races, à faire adopter un bon système d'irrigation, on aura fait beaucoup, sans doute ; mais les progrès de l'agriculture seront encore fort lents, malgré ces progrès partiels.

« La question du crédit agricole, dont on a dit hier quelques mots seulement dans le conseil des manufactures, est donc, il me semble, une des questions dominantes ; mais il faut bien convenir que la solution n'en peut être prochaine, du moins si on désire qu'elle soit complète. Elle se lie naturellement, comme l'a très-bien dit M. le Ministre, à la réforme de notre système hypothécaire ; mais elle touche aussi à toutes les lois qui régissent la propriété foncière. Pour arriver à maintenir entre l'agriculture, l'industrie et le commerce, l'*égalité de crédit*, il faudrait pour ainsi dire mobiliser le sol, et donner aux valeurs territoriales une facilité, une rapidité de transmission qu'il sera bien difficile de créer.

« Ainsi donc, cette question, dont on ne saurait méconnaître la gravité, sera loin, à mon avis, d'être discutée avec autant de chaleur, attaquée et défendue avec autant de passion que d'autres questions qui intéressent l'industrie et le commerce, les questions de douane par exemple.

« Je ne puis encore, du reste, vous faire pressentir la pensée des conseils généraux sur les diverses matières soumises à leur examen. Il faut d'abord des travaux préparatoires ; il faut que les commissions nommées présentent le résultat de leurs études particulières : c'est alors seulement que s'engagera la véritable discussion.

« Je puis vous dire déjà cependant que les premières séances n'ont manqué ni d'intérêt ni d'animation. Les conseils généraux ont senti le besoin de suppléer au temps qui leur manque par l'activité du travail. Le conseil général du commerce, qui puise une grande énergie dans son origine tout élective, a vivement exprimé ses regrets de n'avoir pu étudier d'avance les documents fournis par M. le Ministre, de n'avoir vu reproduits qu'en 1845 les procès-verbaux de la session de 1841, et surtout de n'avoir pas trouvé dans ces procès-verbaux la discussion des questions soulevées par les membres du conseil, en dehors de celles qui avaient été posées par le gouvernement.

« De son côté, la commission des vœux nommée par le conseil des manufactures a déjà introduit quatre questions nouvelles : je vais vous les indiquer sommairement, et vous verrez qu'elles ne manquent ni d'importance ni d'actualité.

« La première est relative à l'association houillère du bassin de la Loire. Vous savez que tous les concessionnaires de mines de ce vaste bassin songent à mettre leurs travaux en commun, afin d'arriver, disent-ils, à une exploitation à la fois plus large et moins coûteuse, afin d'éviter, par un aménagement plus convenable, l'épuisement rapide des gisements houillers. Mais on craint que, sous l'apparence de l'intérêt public, il ne se cache une pensée de monopole; car l'association ne se borne pas à réunir quelques groupes de concessions, elle embrasse trois bassins différents, ceux de Rive-de-Gier, de Saint-Étienne, de la Ricamarie; elle s'est emparée, de plus, de toutes les voies de transport, et l'on redoute qu'elle ne tende la main aux concessionnaires de Brassac, de Blanzi et d'Alais.

« Les industriels de Lyon se sont les premiers émus à la nouvelle de cette formidable société qui menace tout le midi de la France, et ils réclament l'intervention du gouvernement en leur faveur. Vous comprenez qu'il sera difficile de concilier l'intérêt des compagnies avec l'intérêt public, et de trouver dans notre législation actuelle des moyens efficaces de faire triompher la libre concurrence contre le monopole des associations particulières.

« La seconde question concerne l'impôt du sel. La commission de la chambre des députés, saisie de cette question importante, a reconnu la nécessité de réduire la taxe énorme du sel en ce qui concerne les besoins de l'agriculture, mais elle n'a pas cru devoir accorder la même faveur à l'industrie; le conseil général va donc réclamer contre cet oubli si grave : il demandera avec raison que le dégrèvement porte sur tous les sels employés dans la confection des produits industriels.

« Il a chargé aussi une commission de proposer des modifications à la loi des patentes, loi qui soulève des plaintes nombreuses, et dont les résultats ne lui paraissent pas favorables.

« Le traité de commerce à renouveler avec la Belgique ne pouvait non plus échapper à l'attention du conseil. Quelques membres étaient d'avis qu'avant tout il fallait examiner s'il n'y avait pas fait accompli, si la convention n'était pas déjà signée, si les vœux qu'on formulait ne seraient point inutiles. M. le président a déclaré qu'en effet il avait lieu de penser que le traité était déjà signé, et qu'au surplus M. le Ministre avait bien voulu lui donner l'assurance que l'industrie française n'aurait pas à se plaindre de ses résultats.

« Le conseil a persisté cependant à nommer une commission. Il a cru qu'après, comme avant la signature du traité, il avait le droit de formuler des vœux, et de provoquer au besoin des amendements. Il s'est souvenu que la convention avec la Sardaigne avait été modifiée après sa conclusion; et peut-être aussi sa persistance à s'occuper du traité belge avait-elle pour but de montrer qu'il aurait pu être consulté avec fruit sur une matière si importante pour nos intérêts industriels.

3.

« Vous voyez que les conseils savent au besoin user de leur initiative. Après avoir renvoyé à des commissions spéciales ces questions intéressantes, le conseil des manufactures s'est occupé de celle qui était à l'ordre du jour, c'est-à-dire, de l'admission en franchise des fers et tôles étrangers pour la construction des bâtiments de mer.

« La même question a été traitée par le conseil du commerce, qui a ouvert aussi sur cette matière une discussion préparatoire.

« Voici comment la question se présente : L'industrie des fers a vécu jusqu'à présent sous un système protecteur ; elle a réalisé cependant des progrès sensibles, sous le double rapport de l'abaissement des prix et du chiffre de la production. Personne ne songe encore aujourd'hui à ouvrir nos marchés aux produits métallurgiques de l'Angleterre et des pays du Nord ; on n'a pas même dérogé, en faveur de nos chemins de fer, au principe de protection qui défend l'industrie nationale.

« Maintenant, en face de l'intérêt des maîtres de forges françaises se placent les réclamations de notre marine marchande. L'emploi du fer pour la construction des bâtiments maritimes, disent les partisans de la libre introduction, est devenu général en Angleterre, et il en est résulté de grands avantages pour la navigation.

Les navires de fer sont plus légers, plus solides; ils peuvent, à gabarit égal, porter 20 pour cent de plus que les navires en bois. Or, il ne faut négliger aucun moyen pour relever notre marine marchande de son infériorité. Elle se trouve naturellement dans des conditions défavorables; notre pays n'exporte que peu de marchandises d'encombrement; nos comptoirs et nos colonies sont peu nombreux, et renferment de faibles populations; l'entretien de nos équipages est coûteux, et nous force à maintenir le fret à un prix élevé. Pourquoi ne pas user du seul moyen qui nous soit offert de réaliser un progrès, en diminuant la dépense de nos constructions navales? Ce moyen, c'est une dérogation au tarif des fers; il n'en existe pas d'autre, cela est évident, puisque dans le régime actuel il ne s'opère aucune transformation dans nos bâtiments maritimes, malgré les avantages que présente l'emploi du fer.

« Avant d'en venir au fond même de la question, — répondent les partisans du tarif protecteur, — il faudrait résoudre une autre question préalable : Est-il bien prouvé que le système des constructions en fer soit le meilleur? Si les Anglais l'emploient, n'est-ce pas surtout parce qu'ils manquent de bois? Ce n'est point d'ailleurs dans la difficulté d'employer le fer aux constructions maritimes que se trouve la véri-

table cause de l'infériorité de notre marine marchande. La cause, vous la connaissez, vous
venez de la signaler : l'emploi des navires en fer
ne nous donnerait pas les occasions qui nous
manquent de transporter des marchandises encombrantes ; il n'empêcherait pas que le prix du
fret ne fût élevé, et que l'entretien de nos équipages ne restât fort coûteux, sous le régime,
encore en vigueur, des ordonnances de Louis XIV.

« Au reste, si l'on reconnaît la nécessité
d'employer le fer pour la construction des bâtiments maritimes, pourquoi ne pas s'adresser
aux forges françaises ? On ne peut nier qu'elles
ne soient en grand progrès, que le prix des
produits n'ait subi, depuis dix ans, une réduction notable : ce n'est pas lorsque l'élan est
donné, lorsque nous touchons au but, qu'il
faut arrêter la marche de notre industrie nationale ; au lieu d'admettre les fers étrangers sur
nos marchés, favorisez la fabrication française,
en améliorant les voies de transport, en abais-
sant les droits de circulation sur les canaux :
alors, par le seul effet de la concurrence intérieure, le prix du fer diminuera, et vous n'aurez
pas à subir toutes les exigences de l'industrie
étrangère.

« Il ne m'est pas permis de vous faire connaître d'avance les dispositions des conseils ; la
discussion générale fera apparaître sans doute

des vues nouvelles et peut-être tout un système nouveau : les diverses opinions trouveront d'éloquents défenseurs.

« Quant à la proposition d'introduire les fers du Nord pour la fabrication des aciers, elle se présente au conseil des manufactures dans des conditions assez étranges; la plupart de nos fabricants d'acier semblent eux-mêmes la repousser. D'ailleurs, il paraît certain, d'après une lettre de M. le Ministre du commerce communiquée aujourd'hui au conseil des manufactures, que l'on vient de découvrir dans la province de Constantine un gisement de fer spathique, dont la qualité est égale à celle des meilleurs fers de Suède.

« La question des irrigations a été abordée après celle des fers; je ne vous en parlerai aujourd'hui que pour vous dire que l'industrie veut avec raison voir ses intérêts ménagés dans la nouvelle loi, aussi bien que ceux de l'agriculture. Je ne vous dirai rien non plus de la loi sur les contrats d'apprentissage, dont le gouvernement nous a présenté le projet, et dont on discutera les termes et non le principe. — Ainsi que je vous l'ai déjà fait observer, ces questions sont à peine posées. Nous les verrons approfondir dans les prochaines séances.

« Les conseils du commerce et de l'agriculture s'étaient ajournés à samedi, pour laisser à leurs commissions le temps de préparer leurs travaux. Le conseil des manufactures a suivi une autre marche : il a préféré commencer par une discussion sommaire des sujets soumis à son examen, et ce n'est qu'à la suite de cette discussion qu'il a nommé les commissions chargées des rapports.

« Une séance générale des trois conseils aura lieu lundi, et l'ordre du jour ramènera la question des fers dans tous ses développements et dans tout son intérêt. »

TROISIÈME LETTRE.

SOMMAIRE.

Discussion sur la question des fers. — Quatre systèmes : 1° Admission en franchise des fers et tôles employés à la construction des bâtiments de mer. — 2° Libre introduction des fers, combinée avec une prime en faveur de l'industrie métallurgique. — 3° Protection absolue de la production nationale des fers. — 4° Protection des fers, combinée avec une prime en faveur de la marine marchande.

TROISIÈME LETTRE.

« Je ne m'étais pas trompé, mon cher ami , en vous annonçant une vive et brillante discussion sur la question des fers. Lorsque, dans la séance générale des trois conseils réunis, les intérêts divers engagés dans la lutte se sont trouvés en présence, le débat s'est agrandi, s'est généralisé pour ainsi dire. Chacun parlait, comme vous le comprenez, au nom de l'intérêt général, et chacun parlait avec chaleur, avec conviction. Les uns voyaient dans le maintien des tarifs protecteurs une cause permanente de décadence pour notre marine marchande ; les autres regardaient l'admission libre des fers pour les constructions navales comme le signal d'une ruine prochaine pour l'industrie métallurgique.

« La controverse a donc pris tout d'abord des proportions très-hautes ; les orateurs des deux partis ont fait preuve tour à tour d'habileté, d'idées larges en politique et en économie, de connaissances théoriques et positives ; et vous n'en serez nullement étonné, si je vous dis que la parole a été successivement prise par MM. Clerc, Charles Dupin, Lanyer, Talabot, de Lancastel, Ortolan, Vuitry, Darblay, Ducos, Legentil, Horace Say, et Schneider.

« La question arrivait, au surplus, dans toute son intégrité. Le gouvernement n'avait ni voulu, ni dû exprimer une opinion sur cette matière importante, soumise à l'examen des conseils généraux.

« Je vous ai fait connaître déjà, sous une forme très-sommaire, les raisons apportées par les deux partis. Il existe un fait sur lequel, malheureusement, tous se sont trouvés d'accord : c'est l'infériorité relative de notre marine marchande comparée à celle des autres nations, et surtout de l'Angleterre. C'est sur ce terrain que se sont retranchés les partisans de la libre admission des fers étrangers pour la construction des bâtiments de mer. C'est de la statistique des navires destinés à notre commerce extérieur, que MM. Ducos et Ortolan ont su tirer leurs meilleurs, leurs plus puissants arguments.

« Il faut protéger sans doute, ont-ils dit avec les partisans de la libre admission, il faut protéger toutes les sources de notre richesse publique ; mais qu'avez-vous fait jusqu'à présent pour la marine marchande ? Jetez les yeux sur nos ports : les grands navires ont complétement disparu ; de 1827 à 1844, le nombre total de nos bâtiments de mer a diminué de 1,196, pendant que le nombre des vaisseaux anglais augmentait de 7,263. Dans la même période, le tonnage de notre marine se réduit de 86,000 tonnes, pendant que celui de la marine anglaise obtient une augmentation de 1,056,000 tonnes.

« Voulez-vous arriver à cette conviction que notre marine marchande n'est pas proportionnée à notre puissance nationale ? Mettez-la en regard avec notre marine militaire. Il vous sera facile de voir combien, sous ce rapport, la situation est différente entre la France d'un côté, l'Angleterre et les États-Unis de l'autre. Ainsi, en 1843, nous possédions 244 navires de guerre pour protéger 13,658 bâtiments de commerce; en Angleterre, 363 vaisseaux de guerre protégeaient 30,983 navires marchands; aux États-Unis, 68 bâtiments de guerre suffisaient à la protection de 20,000 bâtiments destinés aux besoins du commerce.

« Si vous faites une comparaison entre le tonnage des navires de commerce et les canons des navires de guerre, vous trouverez qu'un canon français ne protége que 100 tonneaux, tandis qu'un canon anglais en protége 358, et un canon américain plus de 1000.

« Ces chiffres semblent indiquer que nos éléments de force et de richesse intérieures ne sont pas dans un parfait équilibre. Ils renferment aussi des prévisions fâcheuses pour l'avenir. Nous sommes en paix aujourd'hui avec toute l'Europe : et toute l'Europe veut, nous le croyons, maintenir cette paix féconde ; mais que la guerre éclate, où trouverons-nous les moyens de renouveler notre marine militaire ? L'Angleterre et les États-Unis pourront s'adresser à leur marine marchande, ils trouveront là des matelots en nombre suffisant, des hommes formés à la navigation par des voyages de long cours ; leurs bateaux à vapeur seront aussi facilement transformés en instruments de guerre : pour nous, il faudra lutter avec les nécessités les plus urgentes, improviser ce qui ne s'improvise pas, des hommes de mer habiles.

« On prétend, ajoutent les partisans de la libre introduction des fers, que ce tableau n'est pas réel ; on signale une prétendue élévation dans le mouvement de notre commerce extérieur ; on vous parle des relations continuelles de nos villes maritimes avec les ports de l'Algérie. Mais, pour bien juger de ces progrès apparents, il faut songer que les bateaux à vapeur transportent un fort tonnage, sans que ces transports aient la moindre importance maritime. Il faut songer aussi, quant à ce qui concerne l'Algérie, qu'abstraction faite des expéditions destinées à l'armée, notre commerce actuel avec la colonie équivaut à peine à celui que nous faisions en 1827 avec les États barbaresques.

« Des obstacles de deux natures différentes

s'opposent au progrès de notre marine : les uns tiennent au genre de la production nationale, les autres à des causes pour ainsi dire factices et temporaires. Il est à peu près impossible de détruire les premières ; on ne peut créer pour la France cette exportation de produits encombrants qui fait la richesse des marines étrangères ; on ne peut faire que nos navires aient à transporter des cotons comme les navires américains, des houilles comme les navires anglais, des céréales comme les navires russes, des graines oléagineuses comme les navires autrichiens. Mais on peut du moins modifier l'état de notre législation commerciale, on peut remédier dans de certaines limites à la cherté des constructions maritimes.

« Jusqu'à présent, tout chez nous, jusqu'au progrès, a semblé tourner au détriment de la navigation ; le mouvement de transit a augmenté, mais exclusivement par la voie de terre. Les chemins de fer tendent à anéantir la petite navigation autour de la France. Dans la direction, dans le tracé des grandes lignes, on a complétement oublié les véritables intérêts de nos ports ; jusqu'à présent on n'a répondu aux justes réclamations des armateurs que par des fins de non-recevoir. Lorsqu'ils ont demandé une diminution sur les droits de douane, on leur a dit qu'on préparait des traités avantageux avec les nations voisines ; lorsqu'ils ont réclamé ces traités, on leur a répondu qu'on s'occupait de modifier les tarifs de douane, afin de ne pas engager l'avenir.

« Il est donc grand temps, si l'on veut empêcher la décadence de notre marine, d'entrer dans une meilleure voie ; une occasion se présente, un moyen est indiqué : pourquoi ne pas saisir l'occasion ? pourquoi négliger le moyen ? L'emploi du fer dans les constructions maritimes ne présente, il est vrai, qu'une économie insuffisante ; mais enfin cette économie sera un commencement de protection accordée à notre commerce extérieur, sans nuire à aucun des grands intérêts de la production nationale. A part l'industrie métallurgique, qui perdrait elle-même fort peu à la libre admission des fers pour l'usage de la marine, toutes les autres industries y trouveraient un bénéfice réel. L'abaissement des prix de transport profiterait à l'agriculture, aux manufactures, à tous les consommateurs. Nous parlons donc au nom d'un intérêt général ; on ne peut nous répondre qu'au nom d'un intérêt particulier, déjà très-favorisé.

« La question n'est pas portée sur son véritable terrain, répondent les partisans du système protecteur. Il ne faut pas donner le change à l'opinion publique. La marine marchande est dans une mauvaise situation, nous ne le savons que trop ; elle a besoin d'être encouragée, soutenue, relevée, nous le disons hautement comme vous; et si vous trouvez, pour arriver à ce but, des mesures efficaces, nous sommes prêts à les appuyer de toutes nos forces. Mais la mesure que vous proposez arrêterait les progrès d'une industrie qui se développe activement, sans apporter aucun avantage à notre commerce maritime. Voilà ce qu'il est facile de prouver; voilà le point sur lequel doit s'engager la véritable discussion. Ici les chiffres vont devenir des arguments décisifs.

« Nous dirons d'abord que la libre introduction des fers et tôles destinés aux bâtiments de mer n'aurait pas de résultats avantageux. Examinons, en effet, dans quelles limites on emploierait ce fer dans les constructions navales, et quelle influence aurait cet emploi sur le prix des constructions nouvelles.

« Les états du commerce, publiés par l'administration des douanes, constatent le chiffre des remplacements annuels qui s'opèrent dans le matériel maritime. Le chiffre de 1844 est de 832 navires jaugeant 32,479 tonneaux, sur un effectif total de 13,352 navires jaugeant 595,000 tonneaux. Les mutations ont donc eu lieu dans un rapport de 5, 4 p. 100.

« Mais ces chiffres ne peuvent servir de bases pour nos calculs; il ne s'agit pas en effet de reconstruire en tôle tous les bâtiments en bois; il est reconnu pour tout le monde que la substitution de la tôle au bois ne peut se faire avec quelque avantage que pour les navires au-dessus de 100 tonneaux. Le renouvellement total ne portera que sur 1,927 navires, jaugeant ensemble 365,000 tonneaux. En appliquant à ce chiffre la proportion que nous venons d'indiquer, nous arriverons à une mutation annuelle de cent navires d'une jauge totale de 20,000 tonneaux.

« De ces cent navires qui pourront être construits, combien le seront réellement? Nous dirons tout à l'heure notre pensée sur ce point; en attendant, supposons, avec les partisans de la mesure proposée, que la tôle sera employée pour le quart des constructions nouvelles, soit pour vingt-cinq bâtiments jaugeant 5,000 tonneaux. Pour chaque tonneau de jauge, on emploiera 434 kil. de tôle, ce qui donnera pour la consommation annuelle deux mille tonnes, c'est-à-dire le produit moyen d'une usine largement exploitée, et le chiffre de l'augmentation annuelle de la production française.

« Voilà toute la vérité quant à l'importance des produits qu'on veut demander à l'industrie étrangère; mais il nous reste à juger du bénéfice qui résulterait, pour la marine, de la libre introduction des fers anglais.

« Quelques chiffres vont encore décider la question. Il faut bien remarquer, seulement, qu'il ne serait pas juste d'admettre ceux que présenteut les documents officiels : en ce qui concerne les fers, ces chiffres s'appliquent aux fers de Champagne exclusivement fabriqués par la méthode mixte, c'est-à-dire fondus au bois, affinés à la houille, et non aux fers provenant de la méthode anglaise, et fabriqués au moyen du combustible minéral. En ce qui concerne les tôles, les chiffres officiels s'appliquent aux qualités de fers au bois pur, ou de fers mixtes.

« Il s'ensuit que la comparaison n'est pas établie entre les produits similaires. Les tôles que l'Angleterre emploie pour la navigation sont des tôles à la houille de qualités inférieures, et telles qu'on n'en fabrique en France que dans un très-petit nombre d'usines.

On peut établir que les tôles anglaises, selon le cours actuel de Cardiff et de Newport, coûteraient, rendues en France, 370 fr. Les tôles françaises ont été vendues cette année 470 fr. ; la différence est de 100 fr. par tonne de tôle; et puisqu'il faut 434 kilog. de tôle par tonneau de jauge, la différence la plus élevée pour les prix de construction sera de 43 fr. 40 c. par tonneau, de 8,680 fr. pour un navire de 200 tonneaux.

« En faisant appel à l'industrie étrangère, on obtiendrait donc en apparence un rabais de 10 p. 100. Mais il faut prendre en considération les dépenses communes aux deux genres de construction et relatives aux boiseries, aux armements, à la voiture. Sur la valeur totale d'un bâtiment à voile armé pour la mer, cette différence de 10 p. 100 se réduira à 6 p. 100. Sur la valeur totale d'un bateau à vapeur, en y ajoutant les dépenses de la machine et des aménagements, la différence se réduira à 2 et demi p. 100.

« C'est là réellement ce que gagneraient les armateurs à se servir, pour leurs constructions, de tôle étrangère; mais il faut le dire, parce que telle est notre conviction, cet avantage resterait inutile. Après avoir obtenu la mesure qu'ils proposent, ils continueraient forcément à employer le bois pour la construction des bâtiments maritimes.

« On le comprendra sans peine, si l'on songe que, dans les constructions de coques en bois, un tonneau de jauge coûte 250 fr., et que, dans la construction en fer, il coûte 500 fr. Il ne peut donc y avoir économie réelle, et surtout actuelle, à construire en fer. Ce n'est pas, du reste, par économie que les Anglais ont adopté ce mode nouveau; car, sous le rapport des prix, ce système de construction, en Angleterre comme en France, exige une dépense presque double. Il est certain que la réduction de 6 p. 100, amenée par l'emploi de fers étrangers, ne saurait déterminer dans nos ports la substitution du fer au bois, pas plus que le tarif actuel ne pourrait l'empêcher, si cette substitution paraissait nécessaire à nos armateurs. Toutes nos industries ont renouvelé depuis quelques années leur matériel et leur outillage, sans s'arrêter à la différence de prix entre les fers étrangers et les fers français. Pourquoi la marine ne suivrait-elle pas la même voie?

« Nous persistons à le croire, la libre introduction des tôles destinées aux bâtiments de mer ne produirait aucun résultat ; nous pouvons citer un exemple qui vient à l'appui de cette opinion. En mai 1841, sur les vives sollicitations de nos ports, le gouvernement s'est décidé à affranchir de tout droit les machines à vapeur de fabrique étrangère servant aux navires destinés à la navigation internationale ; c'était une réduction de 33 p. 100, et cependant, depuis cette époque, on n'a pas introduit de machines anglaises. Il y a plus : les machines françaises, qu'on était parvenu à établir au même prix que les machines étrangères, recevaient en outre une prime de 30 p. 100, dont profitaient les armateurs. Or, qu'a-t-on fait depuis ces quatre années? Rien, absolument rien. On n'a construit aucun navire, si ce n'est pour quelques services spéciaux subventionnés par l'État.

« N'accusons donc point le système protecteur d'avoir produit la situation fâcheuse de notre marine. Cette situation provient des conditions matérielles du pays, de la disposition des esprits dans nos villes maritimes, de la tendance particulière de nos capitaux, de mille causes diverses, encore insuffisamment étudiées peut-être.

« Mais si la libre introduction réclamée par les constructeurs est pour la marine un moyen de prospérité complétement inefficace, il est fort dangereux pour l'avenir de notre belle industrie métallurgique. Demander quelques tonnes de fer ou de tôle aux fabriques anglaises, c'est chose peu importante, sans doute, pour nos intérêts actuels ; mais attaquer le principe de la protection, c'est chose grave dans ses conséquences, c'est détruire la sécurité nécessaire au progrès de toute entreprise industrielle. Vous ne touchez, dites-vous, au système protecteur que par exception ; mais cette exception peut s'étendre, et menacer, l'une après l'autre, toutes les spécialités. Les capitaux sont timides en France, il ne faut donc pas les effrayer : ne les détournez pas de la fabrication du fer, qui est en progrès, mais qui demande un immense crédit. On n'établit plus de forges avec quelques centaines de mille francs ; le système à la houille exige des capitaux considérables : il faut donner des garanties certaines pour l'avenir, si l'on ne veut pas que le mouvement industriel soit tout à coup paralysé.

« Pour nous résumer, nous dirons en deux mots : L'affranchissement des fers destinés à la construction des navires est un moyen insuffisant, inefficace, inutile même, pour relever notre marine marchande ; de plus, il est dangereux dans son principe. Là est toute la question ; elle se résout par des chiffres, et les chiffres ont une éloquence irrésistible.

« Telles sont les raisons exposées de part et d'autre : j'ai tâché, mon cher ami, de vous les faire connaître dans toute leur force, et je crois être sûr du moins de vous en avoir donné une analyse, sinon complète, du moins impartiale.

« Je vous ai déjà nommé les orateurs qui ont pris part au débat; je dois ajouter que le système de protection a trouvé d'habiles défenseurs dans M. Talabot, dont la science spéciale est reconnue, et dans M. Schneider, qui va porter à la chambre des députés un talent de parole incontestable, joint à des connaissances pratiques d'une grande étendue.

« Je dois vous parler maintenant de deux systèmes intermédiaires qui se sont produits dans la discussion; tous deux s'appuient sur les mêmes considérations. Deux intérêts sont en présence; il s'agit de les concilier. Personne ne veut la ruine de l'industrie métallurgique. Tout

le monde veut également protéger la marine :
le pays désire qu'elle s'améliore, les chambres
le veulent aussi. Elles l'ont prouvé en 1840,
lorsqu'elles ont voté les bateaux à vapeur transatlantiques ; elles l'ont prouvé en 1841, lorsqu'elles ont alloué au budget de la marine une
somme de trois millions : le gouvernement est
disposé à rendre au commerce ce qu'il a perdu
par l'affectation à la marine royale des bâtiments créés par la loi de 1840.

« Maintenant, dans quelle voie devons-nous
marcher? Nous ne devons adopter ni une liberté illimitée, ni une protection exagérée.

« C'est dans l'application de ces principes généraux que diffèrent les deux systèmes dont
nous venons de parler; tous deux tendent à
l'établissement d'une prime accordée à la navigation, mais à des conditions diverses.

« On pourrait d'un côté, dit l'honorable
M. Lanyer, réduire le droit sur les tôles étrangères, pour suffire sans délai aux besoins des
constructions nouvelles, et pour diminuer le prix
du revient des navires. De l'autre côté, on
pourrait donner aux producteurs français un
encouragement exceptionnel de 15 francs par
100 kilogrammes, pour les fers qui entreraient
dans la construction des navires. Cette situation
serait temporaire; il est bien entendu, de plus,
que cette réduction de droit sur les fers étran-

gers ne devrait pas avoir lieu sans compensation, et qu'il faudrait obtenir un abaissement équivalent des droits que supportent en Angleterre quelques-uns de nos produits, notamment les soieries et les vins.

« Ceci est, comme on le voit, le principe de libre introduction, avec une garantie temporaire accordée aux intérêts de l'industrie métallurgique.

« M. le baron Charles Dupin, au contraire, admet la prime sans renoncer au système protecteur. Il voudrait qu'on. accordât aux constructeurs du commerce une prime de 20 francs par quintal métrique de tôle et de fer cornière employés dans nos bateaux à vapeur, et de 15 francs pour les fers employés dans nos navires à voiles. Mais il repousse avec énergie la pensée de demander aux Anglais les fers et les tôles nécessaires à notre marine.

« La prime, selon ce savant économiste, serait une source de grands progrès pour le commerce maritime. Il cite un exemple des bons résultats produits par un encouragement judicieux. Pour exécuter la loi de 1840 sur les paquebots transatlantiques, le gouvernement a commandé chez nos grands métallurgistes les mécanismes de douze machines, ayant chacune la force de 450 chevaux. Cette seule commande a suffi pour donner l'essor aux principaux ateliers, et leur a permis de créer un magnifique outillage. On obtiendrait les mêmes résultats pour nos constructions navales; nos bateaux à vapeur en fer, au moyen de la prime, pourraient être confectionnés au même prix que ceux des Anglais, et nous aurions ainsi préparé des éléments égaux du côté du matériel, pour une lutte pacifique avec nos rivaux d'outre-mer.

« Cette opinion est aussi celle de M. Darblay; il pense qu'il faut donner à notre industrie des fers une large protection. « En temps de guerre, dit-il, nous ne trouverions pas plus de fer pour construire nos vaisseaux que nous n'avons trouvé de chevaux pour remonter notre cavalerie. Mais il faut aussi, par tous les moyens possibles, relever notre marine. Nous avons déjà accordé une prime de 5 millions pour la pêche de la morue; c'est une excellente mesure; mais ce n'est point assez pour notre commerce maritime, pour une industrie qui doit fournir un grand nombre d'hommes en cas d'urgence, et qui peut les nourrir en temps de paix. »

« Ainsi, vous le voyez, mon cher ami, quatre systèmes se trouvent aujourd'hui en présence :

« 1° Admission en franchise des fers et tôles employés à la construction des bâtiments de mer;

« 2° Libre introduction des fers, combinée avec une prime en faveur de l'industrie métallurgique;

« 3° Protection absolue de la production nationale des fers;

« 4° Protection des fers, combinée avec une prime en faveur de la marine marchande.

« Le conseil général d'agriculture a déjà adopté le système de M. le baron Charles Dupin. Le conseil du commerce semble pencher vers la libre introduction.

« Quant au conseil des manufactures, il réclamera, selon toute vraisemblance, pour le système protecteur; mais dans quelles limites? c'est ce qu'il me serait assez difficile de dire à l'avance.

« Je vous ferai connaître, dans ma prochaine lettre, le résultat de son vote, et j'aurai à vous entretenir de questions non moins importantes : celle du crédit agricole, celle des caisses de retraite pour les ouvriers, et celle du travail des enfants dans les manufactures. »

QUATRIÈME LETTRE.

SOMMAIRE.

Discussion relative à l'admission en franchise des fers du Nord
pour la fabrication de l'acier.

QUATRIÈME LETTRE.

« Quelques lignes en hâte, mon cher ami, sur la séance de ce jour. Les trois conseils généraux réunis viennent de discuter la seconde question relative à l'admission en franchise des fers du Nord; elle se présentait sous la forme suivanté : Faut-il, dans l'intérêt de notre industrie et de notre commerce, admettre en franchise ou à droit très-réduit les fers étrangers traités au marteau et au charbon de bois, et destinés à nos aciéries?

« Cette question ainsi posée a paru ne pas trouver d'appui très-prononcé; aucun orateur ne s'était fait inscrire pour la soutenir. Après un résumé lucide et concluant fait par M. Talabot, MM. Darblay, Casenave, Goldenberg, Leclerc, Carière, Devinck et Lanyer ont pris successivement la parole, et la discussion a paru s'éloigner un peu de son objet principal. Avant de la résumer en quelques mots, il est peut-être nécessaire, mon cher ami, de vous rappeler l'état de fabrication de l'acier en France, et les circonstances qui doivent influer sur l'adoption ou sur le rejet de la mesure.

« Il existe, comme vous savez, trois sortes d'aciers : l'*acier naturel*, résultat de l'affinage direct du minerai ou de certaines fontes de qualités supérieures; l'*acier cémenté*, provenant de certaines qualités de fer soumises à une opération spéciale qui tend à les carburer; enfin, l'*acier fondu*, dont l'acier cémenté est la base.

« L'acier naturel est produit en France dans les groupes métallurgiques du Dauphiné, de la Lorraine, de l'Alsace et du Nivernais. Cette fabrication, qui date de l'époque la plus reculée, n'a pas fait, depuis douze à quinze ans, de progrès sensibles. Elle produit de 30 à 35,000 quintaux métriques, dont les cinq huitièmes sont fournis par les usines de l'Isère; il est inutile de dire que la mesure proposée ne pourrait que lui être préjudiciable.

« L'acier cémenté est pour notre industrie un produit nouveau; on le connaissait dans le Yorkshire depuis près de deux siècles, lorsqu'en 1817 on introduisit cette fabrication dans le midi de la France. Depuis lors, seize usines se sont établies dans le bassin des Pyrénées. Les aciéries de la Loire se sont élevées, et la production, qui n'était que d'environ 15,000 quintaux en 1826, atteignait en 1843 le chiffre de 58,121 quintaux métriques.

« Vous voyez que peu d'industries présentent le tableau d'un plus rapide accroissement; aussi l'importation de l'acier naturel d'Allemagne, de l'acier cémenté et fondu d'Angleterre, a-t-elle diminué dans une proportion considérable.

« Notre pays est peut-être, de tous les États européens, celui qui fait le plus grand emploi de l'acier ; et cependant il ne s'adresse déjà plus aux fabriques étrangères que pour une très-faible partie, un douzième environ de la fabrication annuelle.

« Mais on prétend que nous ne pouvons lutter encore avec l'Angleterre pour certaines qualités supérieures, produites au moyen des meilleurs fers de Suède et de Norwége. M. Leplay, ingénieur en chef des mines, après avoir visité les usines du Yorkshire, après avoir étudié sur les lieux le travail et le mécanisme des aciéries anglaises, a cru que le seul moyen d'améliorer notre fabrication, et de la placer au premier rang, était de suivre l'exemple du gouvernement britannique, et de faire appel comme lui aux fers du Nord, en les exemptant des droits de douane ; de là tout le débat.

« Avant qu'on ait eu la possibilité de recueillir des informations suffisantes, la proposition d'admettre en franchise les fers du Nord, pour l'usage des aciéries, a été produite dans la dernière session, lors de la discussion de la loi de douane du 9 juin. Une telle mesure ne pouvait être adoptée par voie d'amendement ; elle a été ajournée, pour laisser le temps d'en compléter l'étude. C'est par suite de cet ajournement que la question se présente aujourd'hui devant les trois conseils.

« Les motifs exposés dans le mémoire de M. Leplay ont été combattus avec force par les divers orateurs. A côté de chacun des prétendus avantages de la libre introduction, on a démontré l'existence réelle de quelque grave inconvénient de nature à la faire repousser.

« L'Angleterre a fait appel, il est vrai, au fer du Nord; mais l'Angleterre se trouve dans une position spéciale : elle ne possède ni acier naturel, ni fers aciéreux. Elle ne pourrait donc trouver chez elle, comme la France, les éléments nécessaires à cette vaste fabrication, qui est devenue une de ses plus riches industries. D'ailleurs, il faut le remarquer, ce n'est pas la réduction du tarif de douane sur les fers qui a produit dans les Iles Britanniques la prospérité des fabriques d'acier. Cette prospérité existait bien auparavant; les droits d'entrée sur les fers du Nord n'ont été réduits qu'en 1842, et, malgré les droits, les aciéries anglaises avaient déjà pris tout leur développement.

« Sans donc nous préoccuper de ce qui se passe en Angleterre, il faut avant tout examiner ce que nous pouvons faire avec nos propres ressources : nous est-il possible, avec nos minerais de fer de natures si remarquables et si variées, avec l'abondance de notre combustible végétal, d'arriver à la production perfectionnée des fers propres à la cémentation, et des aciers de forge de qualité supérieure? Les faits le prouvent hautement. La fabrication du fer au bois emploie 124 feux de forges dans les départements des Pyrénées-Orientales, du Tarn, des Landes, de l'Ariége, de la Haute-Garonne, des Hautes-Pyrénées, et dans la partie orientale des Basses-Pyrénées. Ce groupe métallurgique a produit, en 1843, 117,486 quintaux métriques, et a créé, soit en bénéfices, soit en salaires, soit en frais d'extraction et de transport, une valeur de 4,727,860 francs.

« Le fer des Pyrénées n'est pas irréprochable, mais tous les hommes spéciaux s'accordent à dire qu'on peut facilement l'améliorer en y substituant le traitement direct continu au travail intermittent. Ce n'est donc qu'une question de procédé. Ce minerai présente d'excellentes conditions; les gîtes du Carrigou, de l'Ariége et des Basses-Pyrénées fournissent des matières premières qui ne le cèdent en rien, sous le rapport de la richesse et de la pureté, à celles que produisent les meilleures exploitations dans les groupes à acier des Alpes et du Rhin.

« L'Isère possède aussi des minerais de fer spathique mélangé de fer oxydulé, qui peuvent rivaliser avec ceux du Nord; enfin, des informations récentes ont appris au gouvernement qu'il existe en Algérie des minerais de fer, susceptibles de remplir, dans la fabrication de l'acier, la place qu'occupaient les meilleurs fers de Suède. Nous n'avons donc rien à faire qu'à encourager notre production nationale ; le préjugé qui consiste à préférer l'acier étranger à l'acier français perd tous les jours son influence.

« Il né faut pas se le dissimuler d'ailleurs, cette mesure, présentée comme à peu près sans inconvénient pour notre industrie nationale, ruinerait nos fabriques d'acier naturel, et nos forges de fer propres à la cémentation. Ces aciers et ces fers ne luttent qu'avec peine contre la concurrence des fers à la houille. Les usines des Pyrénées et de l'Isère sont obligées de donner leurs produits à bas prix. Une réduction du tarif protecteur aurait pour résultat immédiat de jeter dans une crise inévitable sept départements du Midi qui tirent du travail métallurgique leurs principales ressources, d'anéantir les forges d'acier du Nivernais, de la Lorraine, de l'Alsace, et, en un mot, de faire subir à l'industrie nationale la perte d'une valeur créée d'environ 14 millions.

« Mais, dit-on, avec le système actuel nous n'arriverons jamais à fabriquer des aciers comparables aux aciers anglais de qualité supérieure.

« Il faut remarquer d'abord que ce n'est pas le droit sur les fers du Nord qui pourrait empêcher les fabricants français d'employer ces fers pour produire des aciers de qualité supérieure. Il les forcerait tout au plus à élever leurs prix de cinq à six pour cent; et cette différence entre les produits nationaux et les produits étrangers ne peut causer à notre industrie un grand préjudice.

« Il y a plus : après avoir admis la libre introduction des fers de Suède et de Norwége, il est douteux que nous pussions arriver au but qu'on se propose; nous n'aurions pas, en effet, des fers de première marque; ces fers resteraient toujours entre les mains de l'Angleterre, qui s'en est réservé le monopole au moyen de baux à longs termes, contractés avec les principaux propriétaires des usines du Nord.

« Au reste, comme je vous l'ai dit, les partisans de la non-introduction des fers du Nord ont seuls abordé le fond même de la question. Quant à leurs adversaires, les uns sont convenus que le terrain n'était pas favorable pour le système de libre introduction; les autres ont cherché à se placer à un point de vue d'intérêt général; mais personne n'a pensé qu'il fallût, dès aujourd'hui, faire cesser la protection accordée aux établissements métallurgiques qui produisent le fer propre à fabriquer l'acier. Un membre a proposé une réduction de moitié sur les droits qui pèsent sur les aciers étrangers. Selon lui, les besoins de l'agriculture, les intérêts des producteurs de machines, réclament cette mesure ; l'acier étranger est frappé d'un droit prohibitif; il s'ensuit que nos outils sont d'une qualité inférieure.

« Ce ne seraient plus, si l'on adoptait la proposition de l'honorable membre, les producteurs de nos fers au bois dont les intérêts seraient menacés, mais bien nos fabricants d'acier : le résultat serait, du reste, aussi peu important ; aussi cette proposition a-t-elle été vivement combattue. Une discussion s'est engagée sur la qualité relative des outils d'acier, et en particulier sur les limes et râpes. Voici les chiffres produits à ce sujet, et qui me paraissent concluants :

« L'importation des limes et râpes, en 1836, était de 433,000 kilogrammes; en 1844, elle n'est plus que de 260,000 kilogrammes. La fabrication française, au contraire, n'était, à cette première époque, que de 931,000 kilogrammes; elle est aujourd'hui de 1,372,000 kilogrammes. Ce mouvement de baisse dans les chiffres d'importation, et de hausse dans ceux de la production nationale, prouve assez que nous commençons à pouvoir satisfaire à tous nos besoins, et aux exigences de notre consommation intérieure.

« A la fin de la séance, l'honorable M. Lanyer a ramené la question à son point de vue
le plus large : il a fait remarquer que la proposition d'abaisser le droit d'entrée sur les aciers
étrangers irait précisément contre le but qu'on
semble vouloir atteindre, celui d'encourager la
fabrication des aciers français. « La discussion a
démontré, ajoute-t-il, que l'industrie nationale
est en progrès, puisqu'elle s'est élevée du chiffre
de 53,000 quintaux métriques (en 1831) à celui
de 93,394 quintaux métriques (en 1844), et
que la consommation, qui était de 59,489 quintaux métriques (en 1831), a graduellement atteint le chiffre de 101,217 quintaux métriques
(en 1844). »

« La discussion a démontré, d'un autre côté,
que de grandes améliorations se préparent dans
le mode de fabrication des aciers français, pour
le combustible, pour la quantité, pour la qualité des minerais, notamment par l'emploi probable des minerais de fer spathique dont on
annonce l'existence en Algérie.

« Eh bien! si, dans cette situation, après
avoir réprouvé, dans l'intérêt général de l'industrie des fers, l'introduction des fers de Suède,
propres à la fabrication des meilleures qualités
d'acier, vous changez le droit protecteur des
aciers nationaux, il est évident que vous ferez
faire à l'industrie des aciers un pas rétrograde,

au lieu d'encourager le mouvement progressif que les documents produits par le gouvernement ont révélé à tous les yeux, et que personne ici ne conteste.

« La conclusion logique est bien facile, dit en terminant l'honorable orateur, et j'ai la confiance que les conseils réunis ne manqueront pas de l'adopter : il faut maintenir intégralement le droit protecteur sur les aciers fondus étrangers, attendu que l'élévation du droit dont on se plaint est précisément la première cause des progrès qu'on a signalés dans la discussion, et que tout le monde veut encourager. »

« L'ordre du jour de la première séance des trois conseils amènera l'importante question du crédit agricole. »

CINQUIÈME LETTRE.

CINQUIÈME LETTRE.

« Aujourd'hui, devant les trois conseils réunis, s'est agitée une de ces questions dont je vous signalais dans ma dernière lettre toute l'importance. Il s'agissait de discuter la possibilité de fonder en France une institution qui favorisât le progrès de l'agriculture, lui donnât un essor nouveau, rétablît l'équilibre entre elle et les autres industries : il s'agissait, en un mot, de l'organisation du crédit agricole.

« Cette question, vous le comprenez, mon cher ami, a besoin d'être largement étudiée. Je crois même pouvoir le dire, elle n'est point encore parvenue au point de maturité convenable pour être soumise avec fruit à l'appréciation des conseils. S'il ne fallait qu'examiner le principe dans toute sa généralité, abstraction faite de ses conséquences et surtout de son application, rien sans doute ne serait plus facile que d'émettre un avis. Donner à l'agriculture le moyen d'attirer à elle une partie de ces capitaux qui se portent vers les spéculations commerciales; accroître ses moyens de production; fournir au cultivateur les ressources qui lui manquent pour améliorer le sol; développer ainsi la culture intelligente, c'est là un but vers lequel personne ne refuserait de marcher, un progrès bien réel, auquel tout le monde voudrait contribuer. Mais trouver la voie sûre qui conduit sans danger à ce but; concilier tous les grands intérêts du pays; donner du crédit à l'agriculture sans trop mobiliser la propriété foncière et sans nuire, par une trop facile transmission du sol, à ce qui fait sa force et sa sécurité, cela présente, selon moi, des difficultés fort sérieuses. L'exemple des pays voisins peut rassurer peut-être, mais pourtant dans de certaines limites; car chaque pays a son génie particulier, ses tendances et ses aptitudes spéciales.

« Je ne veux pas dire, cependant, que cette question du crédit agricole soit toute nouvelle pour nous; elle s'est présentée déjà plusieurs fois, et c'est bien en faveur du crédit agricole que nos jurisconsultes travaillent à réformer notre système hypothécaire. L'esprit des modifications proposées est en effet de donner au créancier des garanties plus certaines, de lui assurer un payement plus prompt et moins dispendieusement obtenu. On tend, si je ne me trompe, à réaliser de plus en plus un système qui doit faciliter l'alliance entre le capitaliste et le propriétaire foncier, c'est-à-dire, un système de publicité complète et de spécialité pour les hypothèques, et un ensemble de formalités moins longues et moins coûteuses pour les expropriations.

« Il serait peut-être prudent d'attendre le résultat de ce premier progrès, avant de faire des essais plus larges. Je puis même vous rappeler ici que les tentatives faites pour établir de nouvelles institutions de crédit agricole ont été infructueuses dans les provinces rhénanes, soumises encore au code hypothécaire français.

« Quoi qu'il en soit, le gouvernement français, préoccupé des besoins de notre agriculture, a fait étudier par un homme spécial l'organisation établie en Belgique et en Allemagne. De ces études est sorti un ouvrage curieux et plein de faits (1), principal document sur lequel doit porter l'examen des conseils généraux. Les institutions de crédit formées en Belgique se ressentent toujours de l'essor industriel du pays; elles ont un double but, et sont créées dans l'intérêt des prêteurs autant au moins que dans l'intérêt des emprunteurs. C'est donc en Allemagne qu'il faut chercher les établissements fondés dans le but exclusif de favoriser l'agriculture : et, de tous les États d'Allemagne, c'est la Prusse qui paraît avoir le mieux mis en pratique le système du crédit agricole.

« Voyons donc ce qui a été fait en Prusse

(1) *Des Institutions de crédit foncier en Allemagne et en Belgique*, par M. Royer, inspecteur de l'agriculture.

súr ce point important; nous saurons ainsi comment la question est née, et comment elle est posée aujourd'hui.

« Il est inutile, je crois, de vous dire que c'est en 1763, et dans le but de soulager les propriétaires silésiens ruinés par la guerre, que s'est fait, sous la protection de Frédéric, le premier essai de crédit agricole collectif, au moyen d'une agence intermédiaire, entre les propriétaires et les capitalistes. Cette idée a pris, depuis, de grands développements; elle s'est modifiée peu à peu sous la double influence du temps et de l'expérience, et ce n'est qu'en 1830 qu'elle est parvenue à sa maturité définitive.

« Voici en quoi consiste actuellement l'institution de crédit agricole fondée en Silésie.

« Il existe, entre tous les propriétaires de biens nobles de la province, une association qui offre une garantie morale, collective, pour les prêts contractés par chacun de ses membres. Comme intermédiaire entre elle et les capitalistes se trouve une administration permanente, agissant sous la surveillance du gouvernement; cette administration est chargée d'estimer la valeur des propriétés foncières de chacun des emprunteurs ou associés, et de leur délivrer des obligations hypothécaires divisées en titres de coupures diverses, mais ne pouvant, dans leur ensemble, dépasser la moitié ou tout au plus les deux tiers de la valeur estimative des biens hypothéqués. Ces obligations au porteur, transmissibles sans frais et sans formalités, produisent un intérêt de trois et demi pour cent, que la caisse se charge de payer.

« Ainsi, le propriétaire peut se procurer de l'argent sans peine et sans une intervention personnelle ; de plus, le taux de l'intérêt est déterminé, non par la position particulière de l'emprunteur, ou par l'urgence de ses besoins actuels, mais bien par la quantité de numéraire disponible ; d'un autre côté, le créancier a des garanties certaines : il est sûr de toucher régulièrement ses intérêts, de rentrer facilement dans son capital ; il peut, à son gré, au moyen des coupures d'obligations, retirer une partie de la somme prêtée, et laisser le reste en valeurs hypothécaires.

« Pour faire face aux engagements qu'il a contractés, l'emprunteur paye à la caisse de l'association un intérêt annuel de cinq pour cent. Cet intérêt est supérieur à celui que touche le créancier, porteur des obligations ; mais c'est précisément sur ce supplément d'intérêt qu'est basée la plus féconde et la plus ingénieuse combinaison du crédit agricole. On s'est bien vite aperçu, en effet, que l'agriculture, livrée à ses seules ressources, ne pouvait pas, même après d'heureuses améliorations, rembourser les avances capitales faites au sol. Ce n'est pas assez de lui prêter, il faut lui ménager une libération facile; or, c'est à cette libération qu'est affectée la différence d'intérêts payée par l'emprunteur. Au moyen d'une légère prime de 2 pour cent sur les intérêts, et de versements d'annuités semestrielles d'une faible valeur, il se constitue, par l'accumulation des intérêts composés, un nouveau capital qui suffit, après vingt-cinq ans, à éteindre la dette primitive.

« On voit tout d'abord les principaux avantages de l'institution silésienne. Ils ne pouvaient échapper à l'attention de nos Conseils; mais ils ne pouvaient non plus leur faire oublier les conséquences de diverse nature qu'entraînerait la fondation de pareils établissements de crédit agricole. L'un des orateurs, M. Pommier, a passé en revue d'abord les institutions fondées en Allemagne, puis les diverses théories émises en France. Il a développé successivement les systèmes de rentes perpétuelles et d'amortissement par annuités, le système qui consiste à rattacher la dette hypothécaire à la dette publique; enfin, le système plus vaste, dont le principe tend à faire du trésor une banque générale pour tous les contribuables, à employer l'argent des caisses d'épargne aux besoins de l'agriculture, à percevoir, par les mêmes voies que l'impôt, les intérêts des sommes prêtées; système qui a pour conséquences de mettre entre les mains du gouvernement toute la richesse publique, la propriété foncière, au moyen du crédit agricole; les économies des classes laborieuses, au moyen des caisses d'épargne; les valeurs mobilières, au moyen des assurances faites par l'État.

« M. Pommier a conclu son discours en demandant la réforme du système hypothécaire, et l'établissement en France d'un système de crédit agricole, basé sur le principe de l'amortissement.

« Les autres orateurs, sans entrer dans les détails d'une question qui ne paraît pas, comme je vous l'ai déjà dit, parvenue à ce point où une solution est possible, ont attaqué le principe lui-même du crédit agricole. M. Muret de Bord a traité principalement la matière sous le point de vue industriel et financier; il pense (et plusieurs conseils de département ont émis cette opinion) que tout emprunt est funeste à l'agriculture. Les améliorations élèvent la valeur vénale de la propriété foncière, elles n'augmentent point le revenu relatif du sol. La rente de la terre sera toujours au-dessous du taux de l'intérêt de l'argent.

« On cite l'exemple de l'Allemagne; mais, en Allemagne, l'agriculture est la principale et la plus importante des industries. D'ailleurs, le système de crédit agricole adopté par ce pays est tout en faveur de la grande culture, et ne fait

rien pour les petits propriétaires, qui sont ex-
clus de l'association. Chez nous, il y a peu de
grands propriétaires exploitant par eux-mêmes;
eux seuls peuvent entreprendre des améliorations utiles. Ce qu'il faut faire en faveur de l'a-
griculture consiste à propager l'instruction parmi
les cultivateurs, à perfectionner les voies de
communication, à mettre à la charge de l'État
l'achèvement et l'entretien des routes départementales, en laissant ainsi les ressources de
chaque département se porter tout entières sur
les chemins de grande et de petite vicinalité.
Mais il faut éviter par-dessus tout les inconvénients de la facile transmission de la propriété
foncière, parce que cette transmission facile
pousse les propriétaires à l'agiotage, et, dans
une crise politique ou commerciale, occasionne-
rait une sérieuse perturbation. Il faut éviter
avec le même soin que l'État intervienne directement dans l'organisation du crédit agricole, et
se crée ainsi d'inévitables embarras. On a beaucoup parlé des avantages obtenus par le système
allemand; mais on n'a pas signalé les dangers
réels qu'il présente. En 1807, le gouvernement
prussien fut obligé d'intervenir pour empêcher
la ruine de toutes les associations de crédit, et
d'employer la mesure désastreuse de la suspension légale des remboursements. Dans les cir-

constances graves, ces faits et d'autres faits d'une nature analogue ne pourraient-ils pas se produire encore?

« C'est surtout sous le rapport social que M. Charles Dupin a cru devoir envisager la question soumise aux conseils : il a parlé avec éloquence de cette bonne et forte constitution de la propriété foncière, qui fait la richesse et la sécurité de la France. Tout ce qui tendrait à la mobiliser serait funeste; tout ce qui tend au contraire à rattacher la famille au sol doit être adopté avec empressement. On parle d'établir un crédit agricole, mais le crédit ne s'établit pas à volonté; il s'accorde à ceux qui le méritent, et non à ceux qui le demandent. C'est avec un effroi véritable que les sages économistes entendent parler de la mobilisation du sol. Ce qui fait la force de notre société, c'est que tout le monde est propriétaire, que tout le monde tient au sol. Là se trouve la sauvegarde de la morale, de l'ordre et du progrès. Les nouveaux systèmes proposés attaqueraient les bases mêmes de l'ordre établi; toute réforme hypothécaire trop radicale compromettrait les droits de la femme, ceux de l'orphelin, droits sacrés qu'il faut défendre contre tous les utopistes.

« M. Beaumont (de la Somme) a répondu à M. Charles Dupin qu'il admettait comme lui les principes généraux sur lesquels repose la constitution de la propriété et de la famille ; mais, a-t-il ajouté, il ne faut pas déclarer pour cela qu'il n'y a rien à faire. Tout en respectant les droits de tous, on peut rendre au système hypothécaire plus de force et plus de vérité, donner au prêteur plus de garantie, et imprimer ainsi un plus grand développement au crédit foncier.

« M. Darblay a combattu également les conclusions de M. le baron Dupin. Il a cru devoir en même temps exprimer ses regrets de ce que le gouvernement a mis à l'ordre du jour cette question importante, au risque d'en compromettre l'avenir par une discussion prématurée.

« C'est dans ces limites exclusives de tout système général qu'est restée la discussion. MM. d'Assailly et Bauchard ont fait valoir les avantages de la centralisation du crédit et de l'établissement de banques provinciales.

« M. Blanquet a développé cette opinion que l'agriculture est une mauvaise industrie, et que là est tout le secret de son peu de crédit. Son avis a soulevé de vives réclamations de la part de M. Thomas (d'Avignon), qui a cherché à démontrer que l'agriculture, dans nos provinces méridionales surtout, pouvait employer avec le plus grand avantage des capitaux considérables.

Enfin, M. Chauvassaigne (de Clermont), se faisant l'interprète des besoins de nos provinces du centre, a signalé comme un des principaux obstacles aux améliorations agricoles l'émigration annuelle des travailleurs. Il a demandé que le gouvernement cherchât les moyens d'arrêter les progrès de cette émigration, dont les résultats sont si désastreux pour la bonne agriculture.

« Vous comprenez maintenant, mon cher ami, la pensée des conseils généraux ; presque tous les orateurs, du reste, abandonnant les théories générales, se sont bornés à demander, comme amélioration actuelle et possible, la réforme du système hypothécaire. Sur ce point, ils ont paru partager l'avis d'un de nos grands jurisconsultes dont la compétence en pareille matière est incontestable, et dont M. Pommier a rappelé ces paroles : « En achetant, on n'est jamais sûr d'ê-
« tre propriétaire ; en payant, on n'est jamais sûr
« d'être libéré ; en prêtant, on n'est jamais sûr
« d'être remboursé. »

« La discussion, je pense, sera plus vive, plus approfondie, plus féconde sur la question des caisses de retraites pour les ouvriers. Cette question semble préoccuper beaucoup les esprits. Plusieurs journaux l'ont sérieusement étudiée ; le roi lui-même, dans sa réponse officielle à M. le Ministre du commerce, qui lui adressait ses félicitations au nom des conseils généraux, a fait connaître sa haute sollicitude pour tout moyen qui tendrait à améliorer le sort des classes laborieuses. J'aurai donc, dans une prochaine lettre, à vous rendre compte d'une séance pleine d'intérêt. »

———

SIXIÈME LETTRE.

SOMMAIRE.

Projet d'établissement de caisses de retraite pour les ouvriers invalides. — Nature et but de ces institutions. — Réponse à diverses objections.

SIXIÈME LETTRE.

« La journée d'hier a été si pleine, mon cher
ami, que malgré moi j'ai dû retarder cette lettre. Une longue et brillante séance le matin,
un magnifique banquet à l'hôtel de ville le soir,
ont occupé tous les instants des membres de
nos conseils généraux. Je n'ai à vous parler que
de la séance. Cependant je suis sûr qu'avec la
tendance sérieuse de votre esprit, vous verrez
autre chose qu'une fête ordinaire dans cette
réunion des hommes spéciaux délégués de l'a-
griculture, du commerce et de l'industrie, se
groupant autour du Ministre et des princes,
marchant avec une entière communauté d'intentions conciliatrices à la recherche de l'intérêt
général.

« M. le duc de Nemours, dans une simple
et noble allocution, a fait ressortir dans tout
son éclat cette grande pensée du progrès accompli par l'union de toutes les intelligences.
S. A. R. a caractérisé avec une éloquente con-
cision le *mouvement* désirable, celui qui se fait

au profit de tout le monde en même temps, sans trouble, sans secousses, sans distinction de classes sociales. Certes, on ne peut que se féliciter de voir de pareilles idées consacrées par une si haute approbation.

« Mais revenons à notre séance; il s'agissait là aussi d'une grande question d'intérêt populaire, c'est-à-dire de l'établissement des caisses de retraites pour les ouvriers. Je crains de ne pouvoir vous donner qu'une analyse imparfaite de la discussion; mais vous ne vous attendez pas, je pense, à me voir reproduire dans ma lettre la parole si large, si animée, si poétique de M. de Lamartine; à y retrouver les arguments spirituels et incisifs de M. Charles Dupin, les heureuses et profondes inspirations de M. Ortolan, les connaissances administratives de M. Lanyer, les vues exactes, nettes et pratiques de M. d'Eichthal. Vous suppléerez à ce que vous ne trouverez pas ici par votre expérience des hommes et des choses.

« Je ne dois pas m'arrêter à vous expliquer longuement la nature et le but de l'institution projetée sous le titre de *Caisses générales de retraite pour les ouvriers.* L'établissement de ces caisses repose sur des principes déjà en partie consacrés par la pratique. Il ne s'agit, en effet, que de placer sous la garantie protectrice du gouvernement, et de mettre à la portée des classes laborieuses, une forme d'épargne et de prévoyance adoptée aujourd'hui par plusieurs associations particulières.

« Il se trouve, vous le savez, des lacunes importantes dans les principales institutions qui pourraient développer parmi les travailleurs les habitudes d'ordre et d'économie. Ainsi, les caisses d'épargne fournissent à l'ouvrier un moyen facile de donner un emploi productif à la plus minime partie de son salaire; mais elles lui laissent en même temps la facilité dangereuse de retirer ses fonds pour les employer à des dépenses inutiles, ou du moins d'une utilité secondaire. Ainsi encore, les sociétés de secours mutuels doivent indemniser leurs souscripteurs des pertes que leur font éprouver les maladies, les chômages forcés; mais elles ne leur assurent aucune ressource pour le temps où la vieillesse et les infirmités rendront tout travail impossible. Ainsi encore, les sociétés d'assurance mutuelle sur la vie, par le double système des intérêts accumulés et des bénéfices tontiniers, pourraient présenter au travailleur associé des garanties pour son avenir. Mais leur organisation n'inspire pas à tout le monde une pleine confiance; les ouvriers ne voudraient faire des dépôts à longs termes qu'entre les mains de l'État;

ils craignent l'instabilité des compagnies particulières; et d'ailleurs le mode de versements des
primes annuelles, et le mode de payement se-
mestriel des pensions, ne s'accordent pas avec la
nature de leurs économies, ni avec les besoins
de réaliser pour ainsi dire chaque jour des ressources pour la journée qui va suivre.

« Cependant ces trois institutions, caisse d'é-
pargne, caisse de secours mutuels, caisse d'assurance sur la vie, se complètent l'une par l'autre. Juxtaposées, elles composent un ensemble
économique qu'il est désirable de conserver.
Pour les faire concourir toutes trois au même
but, c'est-à-dire à l'amélioration du sort des
classes pauvres, il suffit de régulariser la dernière, de la soustraire aux spéculations privées,
et de substituer à une direction particulière, in-
téressée, l'action du gouvernement, toujours plus
sage, plus généreuse et plus féconde.

« La polémique des journaux, les articles remarquables déjà publiés par la *Presse*, ont déjà
prémuni, j'en suis sûr, tous les bons esprits contre
les erreurs que peut faire concevoir ce nom, un
peu trop ambitieux peut-être, de *Caisse de retraite pour les ouvriers*. Il s'agit simplement, au
fond, d'ajouter au mécanisme financier des
caisses d'épargne une combinaison nouvelle.

« En retour du versement d'une légère prime,

versement continué sous un certain mode et pendant un certain nombre d'années, l'État assurerait au souscripteur une pension viagère, dont le taux serait en raison de l'importance des sommes déposées. En d'autres termes, les fonds, au lieu d'être remboursés en capital, le seraient, après un certain laps de temps, par annuités, qu'accroîtraient la longue capitalisation des intérêts et les chances naturelles de la mortalité parmi les déposants. Ainsi, l'État remplirait les fonctions des sociétés d'assurances sur la vie, mais sans prélever, comme elles, des bénéfices sur les associés, des frais considérables d'administration, et surtout sans laisser sur les résultats éloignés de sa gestion le moindre prétexte d'inquiétude. Au moyen d'un assez faible sacrifice fait pendant ses jours de force et de travail, l'ouvrier pourrait mettre ses dernières années à l'abri du besoin et de la misère.

« Mais y a-t-il avantage à substituer cette nouvelle institution à celle des caisses d'épargne, à remplacer par une rente viagère le capital destiné presque toujours à faire face à des nécessités prochaines et imprévues? Cette question, vous le savez, a été posée et discutée; elle a préoccupé même, sous des rapports divers, des esprits éminents. On s'est demandé, au point de vue financier, si l'État ne contracterait pas en définitive une charge bien lourde. On s'est demandé, au point de vue social, s'il n'y avait pas danger pour le gouvernement à intervenir d'une manière si intime, et par une action si prolongée, dans la disposition des salaires des travailleurs ; si ce n'était pas là assumer une effrayante responsabilité morale, prendre, pour ainsi dire, la direction de l'existence matérielle des classes laborieuses, et leur faire concevoir ainsi une idée exagérée des devoirs de l'État envers elles. On s'est demandé enfin, sous le rapport moral, si le mode de remboursement par annuités viagères n'était pas un système propre à développer l'égoïsme, à détendre les liens de famille, à favoriser de honteuses spéculations.

« Ces objections, d'une nature assez grave, ont trouvé place dans les documents fournis aux conseils généraux par M. le Ministre du commerce. Mais aucune, à mon avis, n'est restée sans réponse. Je ne vois pas d'abord les prétendus inconvénients politiques de la mesure. Il ne s'agit point de prendre en main la direction matérielle des classes ouvrières, d'administrer leur pécule, de s'approprier d'un côté le salaire des travailleurs, et de pourvoir de l'autre à tous leurs besoins. De pareilles idées ne se trouvent que dans les utopies communistes. Il n'est question d'autre chose, sinon d'indiquer et de fournir à chacun un emploi sûr et avantageux de ses plus faibles économies; il ne s'agit que de donner aux habitudes d'ordre de la continuité et de la persistance, au moyen d'une espèce de contrainte toute morale.

« Dans de pareilles limites, l'intervention du gouvernement est très-permise, très-avouable, très-peu compromettante. On ne saurait entrer par une meilleure voie, et par un côté plus pratique, sur le terrain encore si peu exploré de l'organisation du travail.

« Si, de cette intervention naturelle de l'État, résultait, ce que je ne puis penser, un accroissement de ses charges financières, il faudrait s'y résigner en considération du résultat; aucun sacrifice ne serait plus légitime et même plus productif que celui qui serait fait pour améliorer le sort des classes pauvres, et pour lier de plus en plus leurs intérêts aux intérêts politiques du pays. Mais est-ce qu'au point de vue financier l'État n'aurait pas, à l'adoption de la mesure proposée, d'immenses avantages qui compenseraient bien vite toutes les chances de perte ? Si le mode de remboursement par annuités viagères venait à s'accréditer, en concurrence avec le mode de remboursement adopté par les caisses d'épargne, l'État n'aurait-il pas à se féliciter de voir, sans inconvénient pour les classes laborieuses, s'amoindrir pour lui les inquiétudes que lui donnent d'immenses dépôts toujours exigibles ; de n'être plus, comme on l'a dit, sous le coup d'une lettre de change à vue de plusieurs centaines de millions ? Ne pourrait-il pas employer productivement, dans de grandes entreprises de travaux publics, ces capitaux qu'on ne pourrait plus lui redemander que par parcelles, et après de longs termes prévus et déterminés d'avance ?

« Les avantages pour les déposants ne sont pas plus contestables. Au moyen de faibles versements dont l'accumulation par tout autre système d'épargne ne produirait qu'un résultat de peu d'importance, ils parviennent à se constituer une rente viagère suffisante pour satisfaire aux premiers besoins de la vie. On parle, à ce propos, d'égoïsme et d'immoralité ; mais qu'y a-t-il d'égoïste et d'immoral à prendre les moyens de se suffire à soi-même, et de n'être jamais à charge à personne ? On sait, d'ailleurs, que les économies confiées à la caisse d'épargne ne deviennent guère, non plus, l'héritage de la famille, et reçoivent souvent, par la facilité du retrait, une destination peu conforme aux véritables intérêts du déposant.

« Nous reviendrons sur ces idées dans le cours de la discussion. Toujours est-il qu'abstraction faite des clauses de détail, la mesure projetée se présentait sous la protection des noms les plus recommandables. Déjà consacrée en Angleterre par un bill de 1833, réclamée dans notre pays par de nombreuses sociétés d'ouvriers, elle avait été préparée par une commission d'hommes éminents, dont le nom est une autorité en pareille matière. Le gouvernement ne pouvait refuser son examen attentif à une proposition qui avait pour auteurs et pour patrons des hommes politiques comme M. le comte Molé, M. le comte de Gasparin, M. Vivien, M. Bignon et M. Passy ; des administrateurs comme MM. Vernes, d'Eichthal, Bartholony, de Cheppe, Loquet; des jurisconsultes comme MM. Chegaray, Duverger; des économistes comme MM. Chevalier, Wollowski, Rodrigues ; des industriels comme MM. Legentil, Calla, Halphen, Denière.

« Un mémoire remarquable émané de cette réunion, et contenant, sous la forme de projet de loi, les principales dispositions qui doivent régir l'établissement des caisses de retraite, a servi de bases à la discussion des conseils généraux. Les raisons données en faveur de la mesure se trouvent fortifiées d'arguments nouveaux, dans un excellent rapport fait au conseil des manufactures par M. Calla.

« Je voudrais vous exposer en quelques mots le système proposé, mais je m'aperçois que le

temps et l'espace manquent à mon compte-rendu ;
je suis donc forcé de renvoyer à une autre lettre
et l'exposé du système, et l'analyse de la brillante discussion qu'il a provoquée dans la dernière séance des trois conseils réunis. »

SEPTIÈME LETTRE.

SEPTIÈME LETTRE.

« Je commence, ainsi que je vous l'annonçais hier, par remettre sous vos yeux les principales dispositions du projet préparé par la commission, réunie sous la présidence de M. le comte Molé, pour l'établissement de caisses de retraite en faveur des classes laborieuses. Vous savez déjà sous quel patronage recommandable se présente ce projet. Voici en quoi il consiste :

« Toute personne âgée de vingt et un ans au moins, et de quarante-cinq ans au plus, est admise à faire le versement d'une prime annuelle, pour obtenir de l'État une pension de retraite au minimum de 60 francs, au maximum de 480 francs. Cette pension sera fixée d'après les tarifs calculés sur les chances de mortalité, et sur l'accumulation progressive du capital et des intérêts. Elle partira de l'âge de cinquante-cinq, soixante, soixante-cinq ans, au choix des contractants ; mais l'intervalle entre le payement de la première prime et l'ouverture de la pension devra toujours être de vingt ans au moins.

« Les primes annuelles pourront être acquittées par douzième. La pension au minimum de

6o francs pourra être acquittée par un versement unique.

« Si, trois mois après l'époque fixée dans le
contrat pour le payement de la prime, le contractant n'a pas complété le versement de cette
prime, la pension sera liquidée de plein droit,
d'après le tarif, à raison des versements effec-
tués. Si la pension, ainsi liquidée, se trouve
au-dessous du minimum de 6o fr., elle sera ca-
pitalisée, d'après le même tarif, à l'époque
fixée pour l'entrée en jouissance, et le produit
de la capitalisation payé au titulaire.

« Au décès du contractant, soit avant, soit
après l'ouverture de la pension, il sera payé une
somme égale à une année de pension, soit au
conjoint survivant, soit à son défaut aux enfants
légitimes, ou, s'il n'en existe pas, aux ascen-
dants. La somme payée ne pourra excéder le
chiffre total des primes versées : toutefois, dans
tous les cas il sera remis à la famille du contractant une somme de 3o fr. pour servir aux frais
funéraires.

« Les femmes peuvent aussi bien que les hommes profiter des dispositions du projet, elles
sont même admises à effectuer les versements
dès l'âge de dix-huit ans; la femme mariée a le
droit, avec l'autorisation de son mari ou, en cas
de refus, avec l'autorisation du juge de paix, de
faire des versements pour obtenir une pension

en son nom personnel. Les arrérages de cette pension lui sont propres ; elle a seule le droit de les toucher.

« Comme pièce justificative ou plutôt comme preuve de la possibilité pratique du projet, les rédacteurs ont annexé à leur proposition le tableau des diverses primes à verser proportionnellement à l'âge du souscripteur, et au chiffre de la pension qu'il veut obtenir. Ce tarif est établi sur les calculs d'un illustre mathématicien, M. Mathieu, membre de l'Institut ; les bases adoptées pour le taux de l'intérêt sont celles des caisses d'épargne, et pour la loi de mortalité une moyenne entre la table de Deparcieux et celle de Duvillard.

« La discussion était donc dès à présent possible sur tous les points ; elle pouvait s'attaquer et au principe général et à l'application, à l'ensemble du système et à ses détails déjà indiqués : elle s'est ouverte dans l'assemblée générale des trois conseils, par un discours de M. Devinck.

« L'honorable membre a cherché à démontrer que les sociétés de secours mutuels qui existent dans toutes les villes manufacturières, et comprennent à Paris seulement plus de vingt-cinq mille ouvriers, sont préférables à toutes les institutions projetées pour assurer le sort des classes laborieuses. Ces sociétés exercent sur l'ouvrier une action immédiate ; elles le protégent dans les circonstances fâcheuses de sa vie; elles ont de plus l'avantage d'être composées de travailleurs qui se trouvent dans les mêmes conditions. Il serait injuste de réunir, comme on veut le faire, dans la même catégorie, des classes qui ne subissent pas des chances égales de mortalité.

« Selon M. Devinck, le système proposé est immoral et dangereux : immoral, parce qu'il tend à relâcher les liens de famille, à faire cesser l'union dans les ménages laborieux; dangereux, parce que l'ouvrier, en s'obligeant à payer une prime pendant un laps de temps très-prolongé, ne connaît pas l'étendue des obligations qu'il a contractées, ignore les obstacles qu'il peut rencontrer, les besoins qui peuvent survenir. De plus, l'exécution du projet n'aurait peut-être pas lieu sans péril pour la tranquillité publique. Les ouvriers comprendraient mal les clauses du contrat; ils se croiraient lésés lorsqu'on leur refuserait le remboursement de leur capital; les familles privées de l'héritage de leurs pères réclameraient quelquefois avec violence. Pour administrer la caisse des retraites telle qu'on veut la constituer, il faudrait un personnel armé.

« L'État ne peut vouloir faire des bénéfices sur les souscripteurs, mais bien certainement il fera des pertes; et ces pertes, qui les supportera? Les contribuables, et parmi eux les ouvriers trop pauvres pour verser des primes et faire partie de l'association : cela sera-t-il juste ? Et puis, que d'impossibilités dans les détails ! Comment concilier, par exemple, les droits du mari et ceux de la femme, dans les mille circonstances diverses qui peuvent se présenter ? Ce que doit et peut faire le gouvernement, c'est encourager les sociétés de secours mutuels et les aider de ses conseils, afin qu'elles puissent adopter pour bases de leurs opérations les principes les plus profitables.

« La meilleure manière de venir au secours des classes laborieuses, a répondu M. Ortolan, ce n'est point par l'honorable mais triste assistance de l'aumône ; il faut les relever, les fortifier, les aider à acquérir, à augmenter leur capital moral et intellectuel, à se créer elles-mêmes, par le travail quotidien, un petit capital matériel. La tendance actuelle de tous les esprits généreux se dirige vers ce résultat ; on essaye de fonder des institutions qui suivent et protégent le travailleur depuis son enfance jusqu'à sa vieillesse ; on a conçu l'idée de la crèche et de la salle d'asile pour l'enfant pauvre ; on cherche à lui constituer un capital moral et intellectuel au moyen des écoles primaires, et l'on comblera sans doute les lacunes qui existent encore dans l'éducation professionnelle.

« On a voulu l'aider à créer un capital matériel au moyen des caisses d'épargne; il faut poursuivre cette voie; il faut habituer l'ouvrier à songer à l'avenir. La caisse d'épargne a de grands avantages, mais elle a l'inconvénient de mettre, dans certains cas, trop vite et trop facilement le capital à la disposition du déposant. Elle ne lie pas avec assez de force l'ouvrier à l'épargne; le maximum des dépôts est d'ailleurs très-limité, et ne pourrait fournir une ressource suffisante pour la vieillesse. Pour rendre l'épargne plus féconde, il faut l'unir à ce double système : l'association, l'assurance.

« Mais ces associations, ces assurances où les ressources des associés sont employées à secourir celui qui souffre, à réparer le malheur d'un seul à l'aide de la contribution de tous, doivent s'organiser sous le patronage de l'État. Les sociétés de secours mutuels et les caisses de retraite ne peuvent réaliser de grands bienfaits qu'en s'alliant les unes aux autres. Admirablement propres à assurer, à distribuer des secours temporaires, les sociétés mutuelles sont impuissantes pour établir des pensions de retraite; l'État, au contraire, impropre au premier service, est seul posé assez haut, assez fortement, pour généraliser et garantir les pensions de retraite.

« Le projet soumis aux conseils repose sur les bases les plus simples et les plus praticables. On l'accuse d'être immoral, parce qu'il consacre le système des placements viagers. Cette accusation serait fondée s'il s'agissait ici de cette combinaison qui permet à un homme d'accroître ses jouissances, de dévorer à la fois, jour par jour, son fonds et son revenu, de telle sorte que la fortune ne profite qu'à lui seul et s'éteigne avec lui : mais y a-t-il rien de semblable dans le placement successif de quelques retenues minimes faites avec persévérance sur le salaire de chaque semaine, et qui seraient souvent perdues en dépenses inutiles? Et dans quel but sont faits ces placements? Dans le seul but d'assurer le strict nécessaire et des aliments au chef de la famille, devenu vieux.

« Pourrait-il jamais venir à l'idée de la femme ou de l'enfant de disputer, comme une fraude qui leur aurait été faite, la dernière nourriture du vieillard? D'ailleurs, à l'époque de la vieillesse de l'ouvrier, ses enfants sont devenus forts et travaillent à leur tour; la femme est donc la seule dont on doive se préoccuper : mais la loi peut parfaitement garantir ses droits en admettant soit les placements collectifs, soit la réversibilité de la pension. Bien loin de relâcher les liens de famille, l'institution projetée ne pourrait que les resserrer; en assurant une pension de retraite au vieillard, elle empêcherait des enfants ingrats de repousser leur père aussitôt qu'il ne peut plus vivre de son propre travail.

« Quant aux inconvénients résultant pour l'É-
tat de l'adoption de la mesure, il est impossible
d'en reconnaître la gravité. On craint une inexac-
titude presque inévitable des calculs qui doivent
constituer l'État en gain ou en perte ; mais il
sera facile de réviser les tarifs après un certain
temps d'expérience.

« Rien ne s'oppose donc à l'établissement des
caisses de retraite ; il faut seulement, pour que
ces caisses prospèrent, qu'elles se lient intimement aux sociétés de secours mutuels. Ces sociétés feront disparaître beaucoup de difficultés
de détails ; elles recevront les cotisations, si minimes qu'elles soient ; elles se chargeront de
verser les primes aux époques fixées. Lorsque
les deux institutions marcheront de concert, on
aura fait beaucoup pour l'amélioration des classes laborieuses : on leur aura appris à compter
sur elles-mêmes.

« Au brillant et profond discours de M. Ortolan, M. Charles Dupin est venu opposer quelques objections graves. On suppose, a-t-il dit,
qu'il existe beaucoup d'hommes vivant au jour
le jour de leur travail personnel ; on se trompe ;
on ne songe pas que, sur quatre millions d'ouvriers, il y en a plus d'un million de patentés.

« Il est rare qu'un ouvrier intelligent ne devienne pas maître à son tour ; il a besoin alors
d'employer toutes ses économies pour se faire

une position nouvelle. Eh bien! faut-il dire à l'ouvrier intelligent : Reste ce que tu es maintenant, stérilise tes épargnes? Mais alors il faudrait renoncer à ce mouvement ascensionnel qui distingue la société française ; il faudrait devenir Égyptien, Indien ou Paria. Le nom donné à l'institution n'est pas vrai; ce ne sera qu'une caisse pour les classes moyennes. Comment se fait-il qu'après avoir diminué le maximum des dépôts dans la caisse d'épargne, parce qu'on a trouvé sur la liste des déposants des noms appartenant aux classes élevées, on demande aujourd'hui une caisse des retraites qui, parmi ses souscripteurs, ne compterait des ouvriers que par exception?

« On dit qu'il est trop facile de retirer les dépôts faits aux caisses d'épargne; mais c'est là précisément l'avantage de l'institution. Ce qui est avantageux à l'ouvrier, c'est un petit capital disponible. Il le retire pour exécuter les commandes qui lui sont faites, et il le reporte grossi des bénéfices de son travail. Gardez et développez vos caisses d'épargne, vous aurez pris le meilleur moyen d'encourager l'économie et la prévoyance dans les classes laborieuses.

« Après les vives et spirituelles paroles de M. le baron Dupin, M. Calla a présenté, sur l'utilité et la possibilité de l'institution nouvelle, à laquelle il donne le nom de caisse de prévoyance, d'excellentes considérations qui peuvent se résumer ainsi : Les moyens les plus efficaces pour étendre et développer l'amélioration qui se produira dans le sort des classes laborieuses, sont ceux qui y feront pénétrer de plus en plus et y développeront les idées de moralité, d'ordre et d'économie.

« Des caisses de prévoyance, dans lesquelles les ouvriers verseraient leurs épargnes périodiques pendant des délais prolongés, pour obtenir une pension suffisante à l'âge où le travail leur serait devenu impossible, doivent être recommandées comme un des moyens les plus convenables pour atteindre le but indiqué.

« Les sociétés particulières de secours mutuels ne peuvent remplir les conditions de caisses de prévoyance servant des pensions de retraite : elles doivent devenir, avec les caisses d'épargne, les auxiliaires indispensables de ces caisses de prévoyance; et, en considération des services éminents que ces sociétés peuvent rendre, le gouvernement doit être invité à en protéger le développement.

« Les compagnies d'assurances mutuelles, d'assurances sur la vie, les sociétés tontinières, n'offrent pas aux classes laborieuses des conditions assez favorables pour les déterminer à y placer leurs épargnes, pour faire naître au sein de ces classes et pour y généraliser une tendance qui ne s'y produit encore que dans des circonstances trop rares.

« Si, pour approprier une institution nouvelle aux conditions variables des populations laborieuses des différentes localités, diverses combinaisons doivent être ménagées dans le système des versements et dans quelques détails d'exécution, il n'en est pas moins évident qu'afin d'obtenir les conditions les plus favorables aux déposants, l'institution doit être générale : c'est le seul moyen de trouver une application exacte des calculs de mortalité, et de mettre cette institution à l'abri des oscillations qui résulteraient de son application à un trop petit nombre de souscripteurs.

« L'intervention directe de l'État est une condition indispensable pour atteindre le but indiqué.

« L'État devrait être dépositaire des sommes versées, et devrait s'engager à servir les pensions acquises.

« Les caisses d'épargne étant une institution tout établie, et en possession de la confiance publique, paraissent les meilleurs intermédiaires entre l'État et les déposants; et il conviendrait d'y ajouter autant que possible, comme annexes, les caisses de prévoyance dont on vient de proposer la création.

« M. le vicomte de Romanet, tout en adoptant le principe comme excellent, a fait ses réserves sur quelques dispositions du projet. Il a pensé qu'il serait bon de permettre au souscripteur d'acquérir sa pension par un versement unique, afin de favoriser la conversion des dépôts faits aux caisses d'épargne; afin aussi de procurer aux remplaçants militaires un emploi facile et immédiat des sommes qu'ils touchent. Il désirerait, d'une autre part, que le maximum proposé de 480 fr. fût restreint, afin que les classes ouvrières eussent seules le désir d'acquérir les pensions de retraite.

« M. Lanyer s'est attaché à combattre l'opinion émise par M. Dupin. Il regarde l'établissement des caisses de retraite comme le complément des caisses d'épargne, et non comme une institution rivale. Le projet proposé lui paraît, du reste, parfaitement exécutable, et il oppose à cet égard, à l'autorité des paroles de M. Dupin, l'avis de M. le Ministre des finances.

« M. Lacave-Laplagne a déclaré par une lettre développée, dont M. Lanyer donne lecture, qu'il ne conviendrait pas à l'administration de diriger les épargnes des classes ouvrières vers les compagnies d'assurances mutuelles; que le gouvernement doit s'abstenir d'appeler la confiance publique sur des établissements dirigés par l'esprit de spéculation, et dont les frais de direction, au taux et de la manière dont ils sont réglés et perçus, enlèvent à la capitalisation une partie de ses effets ; que l'institution projetée, si l'on saisit le système de la commission présidée par M. le comte Molé, n'entraînerait pas les mêmes inconvénients ; et qu'enfin ses résultats, loin d'avoir rien de fâcheux, lui imprimeraient un caractère de moralité et de bienfaisance, dont le gouvernement, comme les classes laborieuses, n'auraient qu'à se féliciter.

« M. Lanyer démontre ensuite que les caisses de secours mutuels, organisées aujourd'hui, ne peuvent s'appliquer qu'aux besoins du présent, aux cas de maladies, de chômage, etc. ; mais qu'elles sont impuissantes pour les nécessités de l'avenir. Il démontre que les compagnies d'assurances tontinières sont un véritable jeu de hasard, une loterie sans garantie sérieuse pour la conservation des économies des classes ouvrières. Il en serait tout autrement si, avec la garantie de l'État, on conférait une attribution de plus aux caisses d'épargne, qui sont si justement investies de la confiance des populations. On substituera ainsi, ajoute-t-il, la *loi des grands nombres*, qui produit seule les véritables moyennes de mortalité aux groupes peu nombreux qui forment à présent les différentes classes des sociétés tontinières, et dans lesquels les calculs sur les chances de mortalité sont complétement renversés.

« L'État seul, selon M. Lanyer, peut donner un caractère sérieux à l'institution dont il s'agit. Cette institution sera alors éminemment morale; et, sans devenir l'occasion d'une charge nouvelle pour le budget, elle sera également politique, puisqu'elle associera les classes ouvrières aux idées d'ordre et de sécurité qui sont les bases les plus certaines du bien-être de tous et de la force légitime du gouvernement.

« Après M. Lanyer, MM. Bauchard, Chavannes et d'Assailly ont pris successivement la parole. M. Bauchard a déclaré qu'à son avis le projet était inexécutable et peu moral. Il regarde comme impossible la confection d'une table exacte de mortalité, et de plus le système des caisses de retraite lui paraît une véritable loterie. Il n'existe aucune différence, selon lui, entre l'institution projetée et les compagnies d'assurances, si ce n'est que ces compagnies sont des loteries privées, et les caisses de retraite des loteries dirigées par le gouvernement.

« M. Chavannes, au contraire, trouve le principe tellement bon, qu'il le pousse à ses dernières conséquences. Non-seulement il faut établir des caisses de retraite, mais il faut encore, selon l'honorable membre, obliger les ouvriers à profiter de cette institution; ils ne feront jamais d'épargnes volontairement, on doit les forcer à l'économie et à la prévoyance. Le moyen d'arriver à ce but est simple : on fera une retenue de dix pour cent sur le salaire de tous les ouvriers célibataires, une retenue de trois pour cent sur le salaire des ouvriers mariés, afin qu'ils jouissent à leur soixantième année d'une pension au maximum de 180 francs. La mesure s'appliquera provisoirement à tous les travailleurs soumis à la formalité du livret. Pour leur venir en aide, et pour suppléer à l'insuffisance des salaires, l'État fera une large subvention à la caisse des retraites, et, de plus, payera à cinq pour cent l'intérêt des sommes versées. A ceux qui objecteraient qu'il est dangereux pour l'État d'intervenir d'une manière si directe dans la gestion des salaires, et de gêner la libre disposition du travail, M. Chavannes répond que toute liberté doit être réglée par la loi, et que, du reste, les classes laborieuses ne peuvent se passer encore de la tutelle du gouvernement.

« M. d'Assailly ne pense pas que l'État puisse prendre la responsabilité des caisses de retraite. Il faut que cette institution s'organise par les ouvriers eux-mêmes, avec le concours des chefs d'industrie. En attendant, les travailleurs peuvent avoir recours aux compagnies d'assurance, aux tontines, qui présentent d'immenses ressources, qui, selon l'orateur, jouissent de la confiance publique, étendent chaque jour leurs opérations, et possèdent actuellement plus de 200 millions de capitaux versés.

« La question a été envisagée surtout sous le côté pratique par M. d'Eichthal. Je n'ai pas besoin de vous dire que ses paroles ont une grande autorité en pareille matière. Regardant comme un principe admis par tous la nécessité de compléter les institutions déjà fondées en faveur des classes laborieuses, il a fait ressortir avec force les avantages que présenterait l'établissement de caisses de retraite. Il a démontré ensuite que l'État pouvait seul réaliser cette mesure, et inspirer aux ouvriers une entière confiance. Il a, du reste, émis de nouveau, et appuyé de raisons solides, l'opinion déjà soutenue avec succès par plusieurs orateurs, relativement à l'insuffisance des tontines et des sociétés de secours mutuels. Ces dernières rendent sans doute de grands services ; mais elles ne peuvent admettre chacune qu'un assez petit nombre de membres, et repoussent les ouvriers qui, par la nature de leurs métiers, sont exposés à de plus grandes chances d'accidents ou de maladies. Il conclut à la nécessité de la création d'une caisse générale, dont les ressources et les bienfaits profiteraient à tous ceux qui font partie des classes laborieuses.

« M. de Lamartine, tout en rendant hommage aux intentions du projet et à la force des raisons si bien développées par M. d'Eichthal, croit devoir présenter quelques doutes sur l'esprit de l'institution. Il y a, dit-il, une vérité qu'il faut considérer avant tout : c'est qu'un principe contient mathématiquement ses conséquences, et que si vous renfermez l'égoïsme, en principe, dans votre institution, vous aurez inévitablement pour résultat tous les vices, toutes les erreurs et tous les désordres de l'égoïsme. M. de Lamartine s'efforce de prouver ensuite que toute institution de fonds perdu ou de pension purement viagère, par les fruits du travail du peuple, sera une fatale sollicitation à l'individualisme, et une atteinte à l'esprit de famille : elle portera, selon l'orateur, un certain nombre d'ouvriers à s'abstenir du mariage ; elle accroîtra le concubinage, le nombre des enfants trouvés, des vagabonds, des femmes perdues, et toutes les misères, toutes les indigences et toutes les immoralités qui découlent de cette promiscuité des sexes ; elle produira plus de mal qu'elle n'en préviendra.

« Mais, à supposer même que cette constitution viagère des économies de l'ouvrier ne portât préjudice ni au mariage ni à la population, ni à l'état des enfants, considérez dans quels rapports vous allez placer réciproquement, vis-à-vis les uns des autres, le mari, la femme et les enfants.

« Provoqués individuellement chacun de son côté à porter leurs économies dans votre caisse individuelle et viagère, au lieu de ce couple auquel la nature, la religion et la loi disent, Tu seras un; votre institution de caisse viagère et individuelle va dire tous les jours à la femme et au mari : Vous êtes deux, vous avez des intérêts différents; que dis-je? vous avez des intérêts contraires. Vos cœurs sont unis, vos intérêts sont opposés; vos âmes s'aiment, vos capitaux se haïssent. Toi, mari, retranche à ta femme, à tes enfants, tout ce que tu pourras leur retrancher de soins, de tendresse, de bien-être, de secours en santé ou en maladie, pour grossir, par ce retranchement égoïste, l'avenir que tu te prépares à toi seul sur tes vieux jours. Toi, femme, dérobe soigneusement à ton mari et à tes enfants le superflu du salaire que tu pourrais jeter dans le ménage, dans l'aisance, dans les apprentissages, dans l'éducation de la famille, pour accumuler, économies sur économies, la réserve personnelle que tu te prépares à leurs dépens. Vous, enfants, cachez et accroissez pour vous seuls, dès l'âge de seize et de dix-huit ans, les premières rémunérations de votre premier travail, et faites-vous-en un petit trésor avare et séparé, au lieu de compenser, par ces petites subventions de votre salaire, les privations, les dépenses, les sacrifices de tout genre que votre père et votre mère ont faits pour vous pendant votre enfance. Et voyez encore la déplorable tendance d'une institution à contre-sens de la famille : L'homme a deux *milieux*, dans lesquels il est placé par la nature et par la société : l'un est la famille, l'autre est l'État. Eh bien ! au lieu de cette loi de la société, de la nature et de la religion, qui disent à l'homme de s'identifier à ce qui l'entoure, voilà une institution qui dit à chacun de vos ouvriers : Sépare-toi, distingue-toi, isole-toi de ces deux *milieux* dans lesquels Dieu et les hommes t'ont jeté ; détourne tes yeux et tes affections de ce qui te touche de plus près ; désintéresse-toi de ta femme, de ton père, de ta mère, de tes enfants, de la génération qui vient après toi; pense à toi d'abord, et à toi seul.

« Après avoir développé ces considérations, M. de Lamartine ajoute que l'époque industrielle dans laquelle nous entrons porte avec elle ses avantages et ses inconvénients; qu'un des dangers et des scandales de l'industrie, c'est la spéculation ou le jeu sur toute chose. Que serait-ce, dit-il, quand vous auriez appris à vos classes inférieures à jouer ainsi leur présent contre leur avenir, à jouer sur leur propre vie, à constituer l'agiotage sur l'homme lui-même?

« Voilà, ajoute-t-il, un ouvrier à vingt ans : il adopte votre caisse, il se jette dans votre système, il se retranche à lui-même tout ce qu'il peut se retrancher sans trop souffrir, il se retranche sur son logement, sur ses aliments, sur ses vêtements, sur son amour en s'abstenant du mariage, sur ses enfants en se refusant d'en avoir, sur ses sentiments et sur son esprit de famille, sur tout ce qui constitue le bonheur humain; il fait cela pendant dix-neuf ans et onze mois, et, le dernier mois de la dernière année qui le sépare de sa pension, il meurt... il meurt, et voilà que toutes ses privations, ses retranchements, ses sacrifices, ses duretés envers lui-même et envers les autres sont perdues, pour avoir vécu trop peu d'une année; il meurt... Et qui est-ce qui héritera? C'est l'État, c'est-à-dire la richesse suprême; ou bien l'État fait bénéficier de son héritage, qui? Un étranger, un inconnu qui ne sait pas son nom, qui ne bénira pas sa mémoire. Et vous croyez que tout cela ne portera pas atteinte à l'esprit de famille, cette base vivante de tout bon ordre social?

« M. de Lamartine démontre ensuite que cette caisse prétendue bienfaisante ne constituera cependant la pension du pauvre qu'avec l'argent du pauvre.

« Or, ce n'est pas, dit-il, la misère qui doit être la providence de la misère. Il fait appel, en finissant, à la protection de l'État et des classes possédantes, en faveur de la vieillesse, de la maladie et de l'indigence des ouvriers inca-

pables de travail. Ces questions, dit-il, ne se
résolvent pas par de l'arithmétique, mais par la
combinaison de l'arithmétique avec l'esprit d'une
généreuse charité sociale. On repousse en vain
vos esprits par l'épouvantail de la taxe des pauvres : les mêmes nécessités amènent tôt ou tard
les mêmes institutions chez les peuples. L'industrie, en créant la richesse, crée aussi des
masses de misères proportionnées à l'immensité
du travail. On ne réfléchit pas assez à ce qu'il y
a entre l'extrême richesse et l'extrême misère
dans les pays industriels : un abîme qui ne peut
être comblé que par la prudence et la libéralité
des institutions de ce genre. On ne réfléchit pas
assez à ce que, en Angleterre, par exemple, un
peuple de misérables en face d'un groupe d'a-
ristocrates opulents, serait un scandale si criant
et si terrible, qu'aucune société n'y résisterait
longtemps. On ne réfléchit pas assez à ce que,
si l'aristocratie anglaise n'avait ni ses colonies à
l'extérieur, ni sa taxe des pauvres au dedans, elle
aurait déjà été engloutie sous les calamités que
le système industriel et manufacturier accumule
sur son sol. Sondons notre propre mal à nous-
mêmes ; cherchons des institutions moins dan-
gereuses, mais analogues : nous ne les trouverons pas seulement dans l'épargne du pauvre
appliquée au pauvre, mais dans le concours de
la société tout entière, dans la libéralité des

riches, dans ce sentiment religieux de la fraternité des classes, et dans ce lien que doivent former concurremment le travail et le salaire, la bienfaisance des uns, la reconnaissance des autres, et la solidarité de tous.

« L'orateur termine, non pas en écartant le projet, mais en demandant qu'il soit corrigé, revisé et agrandi.

« Vous le voyez, M. de Lamartine pense que l'amélioration des classes ouvrières doit s'opérer par le concours des classes élevées, par des établissements publics de bienfaisance, par une taxe des pauvres, et non par les propres forces, par les propres ressources des travailleurs. Peut-être croirez-vous, comme moi, qu'il est regrettable de voir l'illustre orateur donner à cette opinion l'appui de son éloquente et noble parole, lui prêter l'autorité de son nom et de son génie.

« M. de Lamartine, à ce qu'il me semble, s'est laissé entraîner trop loin par la grandeur et la générosité même de sa pensée. On doit respect, sans doute, à tout ce qui regarde la constitution de la famille; on doit éviter avec le plus grand soin tout ce qui pourrait affaiblir dans le cœur de l'homme les sentiments sacrés du devoir, du dévouement et du sacrifice. Mais je ne puis encore voir, je vous l'avoue, dans l'institution des caisses de retraite, rien qui consacre l'égoïsme, rien qui protége l'immoralité. L'ouvrier qui se crée des ressources personnelles pour sa vieillesse ne travaille-t-il pas dans l'intérêt de ses enfants et de sa famille? Il faut voir les choses dans leur triste réalité. Ce qui relâche le plus les liens de la famille, c'est le besoin, c'est la misère. La pauvreté est forcément, nécessairement égoïste. La faim éteint bien vite les pensées généreuses.

« Il serait à désirer que le vieillard infirme, incapable de travail, trouvât toujours respect, soumission, soins affectueux dans sa famille, lors même que cette famille vit au jour le jour et à grand'peine. Mais les faits ne parlent que trop, et il faut bien, quoi qu'on fasse, tenir compte des faits. Pour ma part, j'ai cette conviction profonde : c'est que l'un des plus sûrs, des meilleurs moyens d'agrandir le côté moral de l'homme, c'est d'améliorer sa condition matérielle.

« Je n'insiste pas, mon cher ami, sur ces idées, qui sont revenues plusieurs fois dans le cours de la discussion. Je vous laisse à juger ce grave débat entre les partisans et les contradicteurs de l'établissement des caisses de retraite. Le gouvernement, j'en ai l'espérance, ne voudra pas abandonner sans solution ce problème éminemment populaire. »

HUITIÈME LETTRE.

HUITIÈME LETTRE.

« Il y a deux mois environ, mon cher ami, je cherchais à vous initier aux débats intérieurs de nos conseils généraux, à vous faire connaître les principales questions soumises par le ministre à l'examen de ces assemblées consultatives.

« Depuis cette époque, tout a changé de face; des circonstances inattendues se sont produites; une grande révolution industrielle s'est opérée près de nous, et doit bientôt, peut-être, modifier profondément la situation économique de notre pays.

« Vous me demandez cependant d'achever la tâche que j'avais entreprise. Il me reste en effet à mettre sous vos yeux l'ensemble du travail des trois conseils, le résultat de leurs études, les mesures que chacun d'eux, usant de son initiative, a cru devoir proposer à la sanction du gouvernement.

« Je puis aujourd'hui vous satisfaire sur tous ces points; les volumineux procès-verbaux de nos séances viennent d'être collationnés, mis en ordre, et livrés à l'impression. Il est facile de vous les résumer dès à présent. Mais le moment vous semble-t-il bien choisi pour aborder ces objets d'intérêt pratique et spécial? Toutes les questions particulières ne s'effacent-elles pas devant la grande question générale, celle du système protecteur aux prises avec la liberté commerciale illimitée?

« Or, je n'ai point la prétention, vous le comprenez, d'intervenir dans une lutte momentanément suspendue, dans laquelle, sous deux drapeaux différents, se sont rencontrés deux publicistes du talent le plus élevé et le plus incontestable.

« J'ai donc hésité à vous parler encore une fois de nos conseils généraux; une seule raison m'y détermine : c'est qu'après tout il n'est pas sans importance, dans l'état actuel des choses, de bien savoir comment sont représentés notre agriculture, notre commerce, notre industrie; et s'il est vrai, comme on l'a dit, que chaque conseil, cantonné sur son propre terrain, et sans nul souci des besoins généraux, travaille à protéger ses intérêts particuliers par les prohibitions et le monopole.

« Je l'avouerai tout d'abord, il me semblerait utile de modifier en certaines parties l'institution des trois conseils; d'établir entre eux des relations plus fortes; de les ramener, s'il était possible, à une complète unité de délibération et de vœux. Il ne faudrait pas que le commerce, par exemple, se crût obligé d'être toujours sur la défensive pour repousser les envahissements des industriels et des agriculteurs; il ne faudrait pas que l'agriculture et l'industrie regardassent leur prospérité comme indépendante de la prospérité commerciale. Je sais bien qu'aujourd'hui ce danger est plus apparent que réel, parce que tout le monde comprend que les richesses publiques proviennent d'une source commune; que toutes les branches de l'activité humaine se tiennent entre elles, sont toutes animées par la même séve; et qu'il faut en conséquence que toutes soient vivaces, ou que toutes meurent à la fois. Mais ne vaudrait-il pas mieux encore ôter toute cause de division et de défiance, et, sans enlever à chaque conseil sa tendance spéciale, ne pas le mettre, pour ainsi dire, dans la nécessité de n'émettre que des vœux d'intérêt particulier?

« Les membres des conseils eux-mêmes ont été les premiers à comprendre les inconvénients de leur organisation présente. Ils ont senti que, pour avoir quelque portée et quelque force, leurs vœux devaient s'appuyer sur des motifs d'utilité générale.

« Les questions soumises à ces assemblées consultatives peuvent être divisées en trois classes :

les unes sont des questions de principe, qui touchent à l'ensemble de l'économie sociale ; d'autres sont des questions qui, concernant directement une grande branche d'industrie, les intéressent toutes d'une manière plus ou moins immédiate ; d'autres, enfin, n'ont qu'une importance spéciale, restreinte dans les limites d'une seule industrie.

« Pourquoi demander à chaque conseil un avis séparé sur les questions d'intérêt général ? On veut que toutes les faces de ces questions soient examinées, que toutes les opinions se reproduisent librement, soit ; mais pourquoi, lorsque l'on vient de discuter en commun, voter séparément ? Ne vaudrait-il pas mieux, par un vote d'ensemble, ramener les opinions à une seule ? Isolés l'un de l'autre, les conseils semblent appelés naturellement à ne considérer que leur tendance individuelle. Ainsi exprimés, leurs vœux n'ont pas et ne peuvent avoir leur pleine autorité. Le gouvernement, qui sans doute a voulu les consulter avec fruit, peut se trouver en présence de trois avis différents, qu'il lui était facile de prévoir, mais qu'il lui est difficile de concilier.

« Aussi, le conseil des manufactures, dès sa première séance, a-t-il demandé, comme amélioration urgente, que les questions à l'ordre du jour fussent toutes soumises à une commission mixte prise dans les trois conseils ; cette commission aurait indiqué les matières qui devaient être discutées en séance générale.

« Cette mesure était bonne ; mais, selon moi, elle n'était pas suffisante. Le gouvernement a semblé vouloir établir une espèce d'équilibre entre les trois conseils. Il a semblé supposer, par exemple, que les représentants de l'agriculture et ceux de l'industrie manufacturière pouvaient avoir souvent des intérêts communs, pour la défense desquels ils réuniraient leurs efforts. Comme contre-poids, il a donné au commerce des représentants plus nombreux, puisant leur force dans une origine élective, ayant le droit d'intervenir par douze délégués dans les délibérations du conseil des manufactures. Il eût été plus simple et meilleur, à notre avis, de remplacer les trois assemblées par un conseil divisé en trois sections, dont chacune aurait conservé son droit d'initiative pour introduire des questions nouvelles ou spéciales. Rien n'empêcherait, avec ce mode d'organisation, les vœux particuliers de l'industrie, de l'agriculture et du commerce, de se produire au grand jour. Les réclamations légitimes seraient admises, parce que chacun aurait intérêt à ne pas voir les siennes repoussées, et que toutes auraient besoin d'un appui réciproque. Les questions d'utilité générale seraient considérées sous leur véritable point de vue, et recevraient une solution décisive. Les conseils y gagneraient en influence, et le gouvernement apprécierait avec plus de facilité les besoins véritables du pays.

« On objectera, peut-être, qu'il est bon de laisser s'exprimer dans toute leur force les intérêts divergents, et d'abandonner au conseil supérieur du commerce le soin de décider entre eux. C'est dans cette pensée, sans doute, que le conseil général d'agriculture a formulé le vœu de voir des représentants de l'industrie agricole introduits dans ce conseil supérieur, où ne figurent du reste ni agriculteurs ni manufacturiers. Mais le conseil supérieur du commerce, devenu le représentant de tous les intérêts industriels, rendrait complétement inutiles les trois conseils généraux, et ne ferait que substituer son influence à la leur. Je ne comprendrais pas, pour ma part, des assemblées de notables industriels réunis à grands frais de tous les points de la France pour entamer des discussions préparatoires, émettre des vœux préparatoires, et soumettre ces discussions et ces vœux à une autre assemblée formée sur le même modèle, composée des mêmes éléments. En un mot, si l'agriculture, le commerce et l'industrie sont suffisamment représentés dans le conseil supérieur, à quoi bon une double représentation? S'ils n'y sont pas représentés, comment ce conseil serait-il juge compétent de leurs intérêts?

« On ne pourrait concevoir le conseil supérieur

du commerce avec une forme représentative ,
qu'en l'assimilant à ces commissions intermédiaires qui , dans nos anciennes provinces , sup-
pléaient à l'assemblée des états durant l'intervalle des sessions. Mais alors il cesserait d'exister
par le fait même de la réunion des conseils
généraux, et ne pourrait en aucune manière
servir de lien entre les trois conseils.

« Rien, dans l'organisation actuelle, ne peut
donc suppléer aux avantages que procurerait la
réunion des conseils généraux en une seule
assemblée.

« Mais il serait convenable, peut-être, de commencer la réforme par la base, de donner aux
comices agricoles l'organisation des chambres
de commerce et des chambres consultatives des
arts et manufactures ; d'assurer à chacune de
ces chambres des conditions favorables d'existence par un budget spécial ; de les rendre
indépendantes de l'autorité municipale ; et, enfin,
de donner à toutes les sections du conseil général l'origine purement élective, que possède
seul aujourd'hui le conseil du commerce.

« Quant au conseil supérieur, il ne trouverait
guère mieux sa place dans le nouveau système
qu'il ne la trouve dans le système actuel. C'est
un débris, il faut le remarquer, d'une grande
organisation détruite. Il fut fondé par Sully,
reconstitué par Colbert, à une époque où les

ministres réunissaient, sous un seul titre, des attributions très-diverses. Ne pouvant embrasser l'ensemble de travaux si vastes, si différents dans leur but, ils avaient besoin de créer autour d'eux des conseils pour chaque spécialité. Le conseil du commerce existait à côté de plusieurs autres; ce n'était pas une représentation de l'intérêt commercial, mais bien plutôt une partie de l'administration et du gouvernement lui-même. Son utilité, incontestable alors, est loin d'être évidente aujourd'hui, que les départements ministériels sont mieux définis, et restreints dans des limites beaucoup plus étroites.

« La représentation de l'agriculture, de l'industrie manufacturière et du commerce, réunie en une seule assemblée, sortie tout entière de l'élection, voilà ce qui me semble désirable. Mais pourtant, quelque imparfaite qu'on puisse supposer l'organisation présente des conseils généraux, on ne saurait contester qu'ils ont rendu de grands services et montré de louables tendances. Pour répondre à toute accusation dirigée contre leur esprit prétendu exclusif, il suffira de jeter un coup d'œil rapide sur leurs travaux et leurs votes pendant la dernière session.

On peut dire que les grandes questions ont été étudiées avec un soin égal par chacun des trois conseils.

Le projet des caisses de retraite pour les ou-

vriers invalides a trouvé des sympathies parmi
les représentants de l'agriculture, aussi bien que
parmi ceux de l'industrie manufacturière. Les systèmes de crédit agricole ont été approfondis par
les délégués des chambres de commerce comme
par les agriculteurs ; tous ont reconnu la nécessité d'assurer l'avenir des classes pauvres, tous
ont demandé la révision des lois hypothécaires,
tous enfin ont réclamé la réduction de l'impôt
sur le sel.

« Les trois conseils se sont accordés également
pour résoudre, dans l'intérêt de l'agriculture, la
question des irrigations, la question du parcours
et de la vaine pâture, et la question de l'amélioration des races. Tous trois, dans l'intérêt de
l'industrie, ils ont repoussé l'entrée en franchise
des fers du Nord pour la fabrication de l'acier.

« Ainsi donc ils n'ont pas manqué d'ensemble ;
et s'il est vrai qu'on pourrait établir plus d'unité
encore dans leur délibération, il ne serait pas
moins injuste de les considérer, même actuellement, comme voués par système à un intérêt
exclusif.

« Il serait impossible aussi de les accuser d'a-
voir fait preuve d'indifférence pour les intérêts
si respectables des classes laborieuses, d'avoir
voulu seulement favoriser la grande culture, la
haute industrie. Les grands propriétaires du conseil d'agriculture ont émis le vœu formel que,

pour améliorer la condition et le crédit des cultivateurs fermiers, on modifiât la rigueur du privilége accordé contre eux par la loi au propriétaire;
qu'on élaborât la législation relative aux baux,
de telle sorte que le fermier pût recouvrer les
avances réelles qu'il aurait faites au sol dans le
cours de son exploitation. Les grands industriels
du conseil des manufactures se sont montrés
pleins de sollicitude pour le sort des ouvriers,
soit qu'il s'agît des caisses de retraite, soit qu'il
s'agît du travail des enfants ou du contrat d'apprentissage. De son côté, le conseil du commerce
a fait preuve de tendances aussi louables dans
la question des prud'hommes et dans celle des
patentes.

« En dehors des matières indiquées par le gouvernement, les réclamations dues à l'initiative
des conseils présentent presque toutes un caractère incontestable d'utilité générale. La plupart de ces vœux ont donné lieu à des rapports
remarquables, et quelques-uns ont été déjà soumis à l'appréciation des chambres législatives.

« Les principales mesures demandées par les représentants des intérêts agricoles, sont : 1° l'a-
mélioration des races d'animaux domestiques par
l'importation des races étrangères, par des essais
de races nouvelles obtenues au moyen de croi-
sements ; 2° des encouragements efficaces accordés à l'agriculture au moyen de primes an-

nuelles, et de concours à plusieurs degrés ; 3° la création d'un enseignement agricole, dont le défaut se fait aujourd'hui sentir d'une manière si évidente ; 4° une loi qui règle l'exercice de l'art vétérinaire, l'ouverture d'une école destinée à compléter celle d'Alfort, et dans laquelle les études seraient spécialement dirigées vers la clinique des animaux propres à la boucherie; 5° la plantation des routes, le reboisement des pentes; 6° l'embrigadement des gardes champêtres.

« Le conseil des manufactures s'est préoccupé de questions non moins importantes.

« Il a signalé le premier, au gouvernement, les dangers que pouvait faire courir à l'industrie cette vaste association dont le but paraît être de monopoliser l'exploitation des bassins houillers de la Loire.

« Il a demandé avec énergie une réduction de l'impôt sur le sel.

« Il a réclamé la révision du traité de 1842, qui tendait à ruiner notre industrie linière au profit de la Belgique.

« Le même conseil a de plus émis le vœu que la taxe sur les lettres fût abaissée, et le décime rural supprimé.

« Il a signalé quelques inconvénients de la loi nouvelle sur les patentes : il a prouvé que cette loi ne traite pas les patentables avec une égalité suffisante; qu'elle a le grand tort de grever le petit commerce et la petite industrie.

« Enfin, il a manifesté son vif désir de voir se réaliser l'établissement d'une éducation professionnelle conforme aux exigences de notre époque; de voir se multiplier les écoles des arts et métiers, telles qu'il en existe à Châlons, à Aix, à Angers. La discussion de la loi sur l'instruction secondaire amènera forcément sur ce grave sujet l'attention du pays et des chambres. Il est inutile de rappeler à quel point il préoccupe les esprits sérieux. Tout le monde a lu les vives et spirituelles observations soumises dernièrement par M. Blanqui à l'Académie des sciences morales et politiques, à propos de l'insuffisance des études classiques.

« Quant aux vœux spéciaux formulés par le conseil du commerce, ils peuvent se résumer ainsi :

« Suppression des droits sur les houilles étrangères; abaissement de la taxe sur les fontes anglaises.

« Révision de la convention faite en 1839 avec l'Angleterre, au sujet des pêcheries; introduction, avec un droit restreint, des sels étrangers destinés à la grande et à la petite pêche.

« Réserve exclusive en faveur du pavillon français du transport des houilles, et autres approvisionnements nécessaires au service de l'État.

« Création de lignes de fer se dirigeant de nos

ports sur la frontière d'Allemagne, afin que la Hollande et la Belgique n'aient pas, à notre préjudice, le monopole du commerce de transit. Suppression des formalités minutieuses et gênantes qui arrêtent, depuis la loi de 1842, le transit des marchandises étrangères.

- « Maintien des lois existantes sur les sociétés en commandite.

« La fabrication des monnaies constituée en régie gouvernementale, sous la surveillance d'une commission supérieure. Distribution du travail monétaire entre Paris et les principales villes de province; refonte des monnaies de billon.

« Révision de l'ordonnance de 1832 sur l'élection des tribunaux de commerce.

« Le conseil du commerce a, de plus, appelé l'attention du gouvernement sur le préjudice que peut causer aux ouvriers libres la concurrence des prisonniers soumis au travail dans les maisons centrales, de force et de détention. Les entrepreneurs des maisons centrales jouissent du privilége de faire travailler, à leur profit, les détenus, avec une diminution d'un cinquième sur le taux habituel du salaire des ouvriers libres. Or, aucun règlement ne fixe le taux normal du travail libre; il s'ensuit que les entrepreneurs abusent souvent de leur privilége. Ainsi, il résulte, d'un document émané du ministère de l'intérieur, que, pendant l'année 1844, la journée de travail n'a produit aux détenus que 42 cent. pour les hommes, et 28 cent. pour les femmes. Si l'on songe que cette énorme réduction de salaire s'applique à treize mille ouvriers environ et à près de quatre mille ouvrières, on comprendra tous les inconvénients qui peuvent en résulter et pour les travailleurs libres et pour les fabricants, placés dans des conditions moins favorables que les entrepreneurs des maisons centrales.

« En terminant cette rapide analyse des vœux émis par les représentants du commerce français, je ne puis en omettre un dont la portée me semble grave, et qui touche, sous plusieurs rapports, à notre politique générale. Comprenant la nécessité d'obtenir des documents exacts sur l'étendue de nos relations commerciales, frappé surtout de l'état de nos relations extérieures, de l'insuffisante protection dont jouissent à l'étranger les intérêts nationaux ; désirant voir suivre partout l'exemple de ceux de nos consuls qui ont su faire respecter le nom français dans les contrées lointaines ; le conseil a invité le gouvernement à placer auprès des agents diplomatiques supérieurs des agents commerciaux chargés de recueillir tous les documents utiles, à autoriser tous nos consuls à correspondre directement avec le ministre du commerce ; enfin, à choisir, pour remplir les fonctions consulaires, les hommes qui, par leur position personnelle, leurs études, leurs connaissances acquises, seraient les plus aptes à représenter le pays avec honneur, et à protéger sur tous les points du globe la sécurité de nos relations commerciales.

« Vous le voyez, mon cher ami, l'ensemble de ces votes est une réponse assez satisfaisante aux accusations dirigées contre l'esprit exclusif, égoïste, rétrograde, des trois conseils généraux. Les partisans de la liberté illimitée des échanges reprocheront sans doute aux représentants de l'agriculture, comme à ceux de l'industrie manufacturière, de n'avoir pas abandonné le système protecteur ; de vouloir fermer nos frontières aux fers de la Suède, aux aciers de l'Angleterre, aux lins de la Belgique. Mais vous connaissez trop bien les intérêts et les besoins de notre industrie nationale, pour donner à ces reproches une valeur exagérée. La vérité des théories les plus incontestables n'est pas absolue ; elle n'est pas indépendante des lieux et des temps. L'Angleterre, qu'on nous présente sans cesse comme exemple et comme modèle, n'a proclamé la liberté commerciale, on ne saurait trop le répéter, qu'après avoir longtemps protégé son industrie par des taxes prohibitives : imitons-la avec intelligence ; n'essayons pas de faire en quelques jours l'œuvre de longues années.

« Il ne reste rien, je crois, à ajouter aux considérations puissantes qu'on a déjà fait valoir en faveur de la protection maintenue dans de justes limites, et s'affaiblissant à mesure que s'accroissent les progrès industriels.

« La ruine d'une industrie par la liberté touche peu, je le sais, quelques-uns de nos économistes. Dans leur opinion, l'industrie qui meurt en l'absence de protection n'est qu'une industrie factice qu'il était utile de faire disparaître, parce qu'elle employait sans résultat des terres et des capitaux détournés de leur sage et véritable destination. Pour arriver à fabriquer au meilleur marché la plus grande somme de produits, il faut, selon eux, limiter chaque pays à sa production naturelle, à celle qu'il peut créer avec tant d'avantage que toute concurrence étrangère devienne impossible.

« En théorie, ce système est fort brillant, sans doute ; mais, par malheur, il ne saurait supporter une application partielle : il suppose toutes les barrières détruites, toutes les frontières ouvertes, tous les peuples marchant d'un commun accord vers un but commun, au milieu d'une paix universelle. C'est là un état de choses fort désirable ; on peut même en espérer, si l'on veut, la réalisation plus ou moins prochaine : mais que cette espérance ne nous fasse pas agir comme si nous n'avions plus rien à faire pour arriver au but. Ne comptons pas trop prématurément sur nos forces, et n'aspirons pas à atteindre en un jour les dernières limites du progrès.

« Je n'ai pas besoin, du reste, d'insister avec vous sur ce point. Il y a bien longtemps que la lutte est engagée entre la liberté absolue des échanges et le système de la protection; il y a soixante ans qu'en France on réclamait déjà cette liberté; et les traités de 1784 avec l'Angleterre nous en ont fait faire, si je ne me trompe, une assez désastreuse épreuve. Cette lutte durera longtemps encore, et, en fait, personne ne songe à priver immédiatement notre industrie d'une protection modérée.

« Vous ne croyez pas plus que moi d'ailleurs que la production au meilleur marché possible, résultat si vanté de la libre concurrence, soit le dernier mot du problème social. Je ne puis mieux faire, en terminant, que d'emprunter, pour rendre ma pensée, qui est aussi la vôtre, les paroles de M. de Girardin : « Ce n'est pas la liberté plus ou moins absolue des échanges, ce n'est pas la liberté du commerce qui est la grande question de l'avenir ; c'est la difficulté de faire vivre pacifiquement, sous le régime de la concurrence, la classe ouvrière, de jour en jour plus éclairée, plus compacte, plus profondément pénétrée du sentiment de ses droits et de la conviction de sa force numérique; c'est la difficulté d'associer, de telle sorte que le bon accord règne entre eux, le travail, le capital et l'intelligence. »

SECONDE PARTIE.

LETTRES

SUR LA SITUATION GÉNÉRALE DE L'INDUSTRIE

EN PRUSSE, EN AUTRICHE ET EN ESPAGNE.

PREMIÈRE LETTRE.

SOMMAIRE.

Origine de l'union douanière allemande. — Sa formation; États
qui la composent. — Relations commerciales du Zolverein.
Exposition de Berlin. — Résumé du rapport des délégués
français. — Conclusion.

PREMIÈRE LETTRE.

«Vous avez raison, mon cher ami, de croire
qu'il peut y avoir, pour notre commerce et notre
production nationale, un grand profit à étudier
dans leur ensemble la marche et les progrès de
l'industrie étrangère.

«Puisque vous le désirez, nous essayerons
cette étude, en prenant pour base les documents officiels. Nous commencerons par examiner l'un des faits industriels les plus importants de notre époque, l'union douanière
allemande.

« Si vous voulez connaître la pensée première
et la cause réelle de cette association, il faut
vous reporter à l'époque malheureuse qui sui-
vit les guerres de 1813, et la chute de l'empire
français. L'industrie anglaise, échappant tout à
coup au blocus continental, inonda l'Europe de
ses produits; une crise commerciale éclata. La
plupart des puissances se défendirent par un

système restrictif et par des mesures prohibitives. L'Allemagne, qui naissait à peine à la
vie industrielle, ne pouvait adopter les mêmes
moyens de salut, ni se suffire à elle-même : elle
fut donc obligée de subir l'écrasante concurrence de l'Angleterre, alors même que cette
nation lui enlevait ses principaux débouchés au
moyen du bill des céréales. La Prusse, qui, de
tous les États germaniques, avait souffert le plus
dans cette lutte inégale, comprit la première
qu'il fallait, sans retard, chercher une voie nouvelle. Elle commença par les améliorations intérieures, qu'indiquait la plus simple expérience.
Ses provinces, mal unies entre elles, composées
de parties hétérogènes, étaient coupées, comme
celles de l'ancienne France, par de nombreuses
lignes de douanes. La loi du 11 juin 1816 abo-
lit toutes ces douanes intérieures, et les reporta
aux frontières. Deux ans après, une loi nouvelle établit en principe la libre importation
des produits étrangers et la libre exportation
des produits indigènes. C'était sous ce régime
hardi et fécond de liberté qu'allait se fonder la
prépondérance prussienne en Allemagne.

« Pour mettre à exécution son système de
douanes, la Prusse avait besoin de réunir à elle
les petits États indépendants qui se trouvaient
enclavés dans son territoire. Elle n'y parvint
qu'à grand'peine ; les défiances politiques s'é-

veillèrent, et il lui fallut dix années de patients efforts pour arriver à l'accomplissement de ses projets. Enfin, en 1828 elle obtint, de quelques principautés secondaires, leur accession pour quelques parties de territoire environnées par les douanes prussiennes. Bientôt elle parvint à conclure un traité avec le grand-duché de Hesse, et dès lors furent posées les bases de la grande confédération allemande. Les adhésions devinrent de plus en plus nombreuses : en 1831, on vit successivement se joindre à l'Union la Hesse-Électorale, une partie du duché de Saxe-Cobourg-Gotha, les territoires d'Oldenbourg, d'Hombourg et de Waldeck; en 1833, l'association formée par la Bavière, le Wurtemberg et les deux principautés de Hohenzollern se réunit à l'Union prussienne; la même année, cet exemple fut suivi par le royaume de Saxe, et les principautés de Schwartzbourg et de Reuss.

« Le traité du 22 mars 1833 entre les deux grandes associations devint la loi commune de tous les États contractants. Il fut stipulé que pour tous ces États il y aurait conformité dans les droits d'entrée, de sortie, de transit, ainsi que dans les tarifs et les réglements de douane. On établit de plus, pour toute l'étendue de l'Union, liberté de commerce et de communication, sans autres réserves que celles nécessitées par des considérations de politique générale. Certaines lignes de route furent assignées aux marchandises de transit. La Prusse, qui seule possède des ports de mer, consentit à y admettre les produits des autres États aux mêmes conditions que les siens propres. Le produit des douanes forma un fonds commun, réparti proportionnellement à la population de chaque État associé. Enfin, tous les trois ans, les plénipotentiaires de l'Union durent se réunir pour aviser aux grandes mesures d'intérêt général.

« La fusion commerciale devint donc complète entre tous les États du nord de l'Allemagne. Depuis cette époque, l'association grandit en importance et en étendue territoriale ; elle embrasse aujourd'hui une population de 28 millions d'hommes, répandus sur une superficie de 453,000 kilomètres carrés.

« Elle comprend la Prusse, la Bavière, le Wurtemberg, Hesse-Darmstadt, Hesse-Cassel, la Saxe-Royale, l'association thuringienne, les duchés de Bade et de Nassau, Francfort-sur-le-Mein, le Luxembourg. Ce vaste territoire se divise en deux grands bassins : le premier, à l'est, arrosé par la Vistule et l'Oder, s'étend jusqu'à l'embouchure de ces deux fleuves, et possède sur la mer du Nord de beaux ports maritimes, dont les plus fréquentés sont Dantzick et Stettin ; le second, à l'ouest, plus considérable, est traversé par l'Elbe, le Weser et le Rhin ; mais il ne s'étend pas jusqu'à la mer Baltique, et se trouve obligé, pour ses communications extérieures, d'emprunter les ports de la Hollande.

« Ainsi constituée avec ses avantages et ses inconvénients de situation, l'union allemande est aujourd'hui la troisième puissance commerciale et manufacturière de l'Europe. Ses produits agricoles sont immenses. Elle exporte, dans une très-grande proportion, les céréales, les laines et les vins ; elle possède de riches bassins houillers, de magnifiques forêts, des mines de fer abondantes ; la Saxe et la Silésie sont des centres actifs de fabrication. La navigation prussienne, quoique faible encore, est en voie de progrès rapide ; son tonnage s'est élevé, en 1843, à deux millions de tonneaux, c'est-à-dire à la moitié du tonnage de notre navigation pour le commerce extérieur. Pour tout dire, en un mot, le chiffre général du commerce entre l'association allemande et les diverses nations de l'Europe est aujourd'hui de quatorze cents millions, et n'est inférieur que d'un tiers au chiffre général du commerce français.

« Bientôt même l'industrie allemande sera capable de suffire aux besoins particuliers du pays. Plusieurs produits étrangers d'une grande importance n'entrent plus que pour une très-faible partie dans la consommation intérieure. Ainsi, les étoffes de laine étrangère n'y figurent que dans une proportion de 6 à 7 pour 100, les tissus de coton dans une proportion de 1 à 2 pour 100. Les exportations françaises en Allemagne, qui s'élevaient en 1820 à 67 millions, s'étaient réduites, en 1839, à 45 millions, et n'ont pu remonter, en 1842, jusqu'à 49 millions. Les exportations allemandes en France, au contraire, se sont élevées, pendant la même période, de 30 à 52 millions.

« Ces chiffres sont très-significatifs sans doute, et prouvent les dangers qui menacent notre industrie nationale. D'un autre côté, il faut remarquer encore que les relations des Pays-Bas avec l'union allemande se sont améliorées, et que le chiffre des exportations anglaises dans le Zollverein s'est très-bien maintenu. Ce chiffre était, en 1832, de 133 millions ; les derniers documents publiés le portent, pour l'année 1839, à 135 millions (1). L'Angleterre, avec son immense habileté commerciale, a donc su trouver en Allemagne le placement de nouveaux produits, pour remplacer les débouchés que lui fermait la prospérité croissante de l'industrie prussienne.

« Ces faits, une fois connus, devaient attirer

(1) Document sur le commerce extérieur, n° 11.

l'attention du gouvernement français ; M. le Ministre du commerce eut la pensée de faire étudier dans tous ses détails le grand mouvement créé par l'union allemande ; il chargea de cette mission MM. Legentil et Goldemberg , qui devaient se rendre sur les lieux, et recueillir les renseignements utiles que pouvait leur fournir la grande exposition alors ouverte à Berlin.

« J'ai sous les yeux le rapport des deux honorables délégués. Ce document est tel qu'on pouvait l'attendre d'hommes spéciaux, d'une capacité et d'une expérience incontestables. Il renferme à la fois des faits intéressants et des vues utiles.

« MM. Legentil et Goldemberg ont visité les principales fabriques de la Prusse, de la Saxe et de la Bavière ; ils sont allés chercher dans tous les centres manufacturiers et sur les marchés principaux les connaissances réelles et positives que ne pouvait leur donner l'exposition de Berlin, quant à la quantité ordinaire et au *prix vénal* des produits allemands. Voici, en résumé, ce qui m'a paru ressortir de leur travail. Une grande excitation industrielle règne en Allemagne ; l'industrie est devenue en Prusse l'objet d'études fort sérieuses, et des esprits éminents s'en occupent avec cette ardeur qu'on apporte à une science nouvelle. Partout se forment des sociétés où l'on discute les méthodes nouvelles ; par-

13.

tout se publient des journaux où se vulgarisent
les découvertes utiles. Les hommes spéciaux ont
fondé des écoles pour diriger les jeunes généra-
tions dans la voie du travail intelligent. Les idées
d'utilité politique, si naturellement liées aux
idées d'intérêt matériel, influent encore, sans aucun doute, sur ce mouvement des esprits, et lui
impriment un caractère plus sérieux, plus profond, plus durable.

« Ces efforts pour placer l'Allemagne au niveau
des grandes puissances commerciales de l'Europe, promettent peut-être à ce pays un brillant avenir. Vous avez déjà vu que le progrès
est très-réel ; mais il ne faut cependant pas croire
à des résultats immédiatement acquis, et en dehors des conditions ordinaires. Le gouvernement prussien a fait beaucoup pour la prospérité des États de l'association, mais l'industrie
privée peut seule accomplir ce qui reste à faire
encore. Le champ est libre et la carrière est
ouverte, les obstacles sont aplanis : cela ne suffit pas, il faut au travailleur l'habileté et l'expérience.

« La science de la production, qui grandit rapidement en France, et qui paraît avoir atteint en
Angleterre ses dernières limites, n'a point pris
un grand développement dans l'Allemagne du
nord. On n'y trouve pas ces vastes fabriques,
ces riches usines où l'emploi de la vapeur et la

division ingénieuse du travail produisent de si merveilleux effets.

« L'industrie est encore isolée dans les chaumières de la Silésie, de la Saxe, de la Thuringe, etc. Elle n'est pour ainsi dire que le complément des occupations agricoles. Favorisée par la fertilité du sol, par l'abondance des matières premières, par le prix minime de la main-d'œuvre, elle n'a pas succombé sous la concurrence étrangère; mais, pour éviter une ruine certaine, elle ne doit pas moins se modifier et se placer sur d'autres bases. C'est là un travail difficile pour l'Allemagne, qui n'a pas encore terminé l'éducation de ses hommes pratiques. C'est jusqu'à présent la France qui lui fournit les directeurs de ses peu nombreuses manufactures, ses constructeurs de machines, ses chefs d'atelier, ses contre-maîtres, ses dessinateurs et ses chimistes (1).

« Examinons du reste dans un rapide coup d'œil l'état actuel des principales branches de l'industrie allemande; nous jugerons mieux ainsi de ses progrès et de son avenir.

« La première industrie du Zollverein est celle de la laine. Comme matières premières les laines d'Allemagne sont partout exportées, et la France en consomme une quantité considérable. D'au-

(1) Voir le Rapport de M. Legentil, page 82.

tre part, la draperie est, sans nul doute, la fabrication la plus importante des États associés ; elle produit annuellement une valeur approximative de 120 millions de francs, et trouve de faciles débouchés non-seulement dans l'intérieur du pays, mais encore en Italie, en Amérique et dans le Levant. La Silésie, la Saxe, et la Prusse proprement dite, sont les centres principaux de cette immense production ; mais les fabriques qui font l'honneur du Zollverein sont situées dans les provinces rhénanes. Les draps de la Silésie et de la Saxe, confectionnés, comme nous l'avons vu, par de petits industriels, se distinguent surtout par leur bon marché : leur prix ne s'élève pas à plus de 6 fr. le mètre, quoiqu'ils aient une belle apparence. La draperie de Brandebourg s'adresse à une consommation plus élevée ; elle est en voie de progrès. — Les draps d'Aix-la-Chapelle et des provinces rhénanes ne craignent aucune concurrence sur les marchés de l'Allemagne, et leur juste réputation s'étend même sur les marchés étrangers.

« Cependant il faut dire que la supériorité des draps allemands existe surtout dans les qualités communes, où la bonté de la matière première est l'avantage principal. Dans les qualités supérieures, au contraire, où l'on doit exiger avant tout le fini et la perfection du travail, les fabriques françaises conservent l'avantage, et savent donner à leurs produits une valeur plus élevée.

« Nous n'exportons dans le Zollverein qu'une quantité fort restreinte de tissus de laine, qui consiste surtout en châles et tissus de luxe, que notre industrie sait produire avec la plus incontestable supériorité. Notre commerce sur ce point est loin d'avoir toute l'étendue qu'il devrait acquérir.

« Après cet examen sommaire de l'une des plus importantes productions de l'Allemagne, nous devons, pour suivre l'ordre analytique du rapport de M. Legentil, dire quelques mots de l'industrie linière. Cet ordre est, du reste, fort naturel; car, après les céréales, le bétail et la vigne, la culture du lin et du chanvre forme un des éléments principaux de la richesse des États allemands.

« Cette culture, si féconde qu'elle soit en Allemagne, ne produit pourtant encore que des résultats incomplets. La préparation du lin s'y fait beaucoup moins bien qu'en Belgique, et le Zollverein ne possédait, en 1840, que 22 à 23 filatures, la plupart situées dans la Silésie, et produisant à peine 850,000 kilog. de fils mécaniques. Un préjugé fort répandu y fait préférer les produits de la filature à la main ; on forme des sociétés, on fonde des écoles pour l'encourager. Mais ces encouragements, donnés dans un but louable de philanthropie et dans l'intérêt des travailleurs pauvres, nuisent de la manière la plus évidente à la production générale.

« Le tissage du lin et du chanvre se fait surtout à la main, et occupe une multitude de petits industriels. Les belles toiles viennent de Westphalie; celles de la Silésie sont de qualité commune, et sont destinées pour la plupart à la consommation des Antilles et des deux Amériques. Aujourd'hui pourtant elles rencontrent sur ces marchés la concurrence des toiles d'Irlande et d'Écosse. Pour lutter avec avantage, les fabricants silésiens s'avisèrent, à une certaine époque, d'introduire du coton dans leurs tissus de fil, et il en résulta, pour leurs produits, le discrédit le plus fâcheux. Ce discrédit entraîna une crise industrielle. Les ouvriers manquèrent d'ouvrage, furent obligés de réduire le prix de leur journée jusqu'à 25 centimes; et bientôt la misère, arrivée au point extrême, se traduisit par des émeutes sanglantes. Aujourd'hui, la fabrication silésienne paraît revenir à sa loyauté primitive, mais elle n'a pas complétement reconquis ses débouchés; ses exportations sont à peu près restreintes au Brésil et au Mexique.

« Parmi les tissus de lin, il en est un dont l'Allemagne gardera longtemps encore le monopole, et pour lequel elle ne redoute pas la concurrence étrangère : c'est le *linge damassé* de Saxe et de Westphalie. Cette belle industrie avait envoyé de véritables chefs-d'œuvre à l'exposition de Berlin. Le linge damassé est en Allemagne d'une consommation usuelle ; en France, au contraire, c'est un objet de luxe. Cette différence explique notre infériorité relative ; mais, du reste, les essais de nos fabricants prouvent qu'il nous serait facile d'atteindre en ce genre les plus beaux résultats. Nous avons sous la main tous les éléments de succès, d'habiles dessinateurs, d'excellents ouvriers, et la facilité de nous procurer les matières premières avec de bonnes conditions.

« Les tissus les plus remarquables viennent de la Saxe, et sont faits *à la tire ;* en Westphalie, le tissage s'exécute *à la Jacquart.* — Nous devons ajouter que les Allemands ont inutilement essayé d'imiter nos batistes de France.

« Nous avons déjà vu que l'importation étrangère des tissus de coton avait considérablement diminué en Allemagne. Ce résultat provient de deux causes combinées, c'est-à-dire, des progrès de l'industrie indigène et de l'élévation des droits sur les produits étrangers. Pour les tissus simples, tels que le calicot, ces droits équivalent à une véritable prohibition ; aussi nos ventes d'étoffes de coton, qui s'élevaient à près de 7 millions en 1840, n'atteignaient pas 4 millions en 1843.

« La filature du coton est encore peu avancée dans le Zollverein ; les établissements destinés à

ce genre d'industrie sont constitués sur une petite échelle, et ne peuvent employer de puissantes machines. Aussi la production ne suffit-elle
pas à la consommation intérieure, qui va chercher ses approvisionnements en Angleterre et
en Suisse.

« Les étoffes de coton sont en général faites à
la main. On compte à peine, dans l'Allemagne
du nord, 3,5oo métiers mécaniques, tandis que
la France en possède environ 35,ooo. Le bas
prix de la main-d'œuvre rachète en partie les
inconvénients de ce mode incomplet de fabrication. Les cotonnades ont un fort grand débit en
Allemagne, et la plupart réunissent le double
avantage de la bonne confection et du bon
marché.

« L'impression à la mécanique est exploitée avec
beaucoup de succès par les industriels de Berlin ;
ils essayent même les genres les plus riches, mais
sans atteindre le goût et la variété du dessin des
indiennes françaises, qui sont encore fort recherchées sur les marchés allemands.

« Le travail de la soie a pris dans le Zollverein
un accroissement considérable ; les provinces
rhénanes fabriquent des étoffes communes à bas
prix ; celles de Berlin et de Postdam exécutent
des étoffes de luxe qui cherchent à rivaliser avec
celles des manufactures lyonnaises.

« La production des étoffes de soie se trouve en

Allemagne dans les conditions les plus favorables d'économie : d'abord, les matières premières provenant d'Italie sont à un prix assez modique ; elles sont fournies aux industriels par des capitalistes nationaux qui font le commerce en grand, et qui, dans l'embarras de placer leurs fonds, ne cherchent, en les convertissant en soie, qu'à en tirer un intérêt ordinaire (1). De plus, les fabricants se livrent eux-mêmes à la vente de leurs produits, et traitent directement avec le consommateur. Ils font pour leur propre compte des envois à l'étranger, et n'agissent, pour la plupart, qu'avec des capitaux considérables.

« En somme, les tissus de soie qui figuraient à l'exposition de Berlin provenaient presque tous des provinces prussiennes ; ils étaient exécutés avec habileté et surtout avec économie. Les *damas* et les *brocards* de Berlin et de Postdam étaient dignes de leur réputation. On pouvait constater, du reste, une tendance générale à copier les étoffes de Lyon, bien que l'imitation ne fût pas toujours heureuse.

« On peut dire, pour conclure en quelques mots, que les Allemands sont parvenus à une connaissance parfaite des procédés de cette fabrication ; qu'ils exécutent à meilleur marché que nous les étoffes communes ; mais que nous n'avons pas

(1) Voir le rapport, page 122.

à redouter la concurrence pour les articles qui exigent à la fois l'emploi de la matière, les combinaisons du tissage et le choix des dessins.

« Pour ne pas trop dépasser les limites d'un simple compte-rendu, nous nous bornerons à signaler en passant l'état actuel de plusieurs branches diverses d'industrie : — Les dentelles d'Allemagne commencent à faire aux nôtres une dangereuse concurrence sur les marchés de Leipsick, et s'exportent en Italie, en Suisse et en Pologne. — Les cuirs et les papiers sont en progrès. — Des fabriques de cristaux s'établissent, et luttent avec celles de Bohème. — La manufacture royale de porcelaine, établie à Berlin, produit des ouvrages remarquables ; mais les porcelaines de Saxe, bien qu'elles aient perdu de leur ancienne réputation, conservent une supériorité marquée pour la netteté des contours, la finesse des couleurs et l'excellence de l'émail.

« Dans la seconde partie du rapport que nous avons sous les yeux, M. Goldemberg a consigné ses observations sur les produits métallurgiques du Zollverein ; son travail, comme celui de M. Legentil, est d'une grande importance, et présente un vif intérêt.

« Nous y trouvons d'abord de fort bons documents sur l'industrie des fers dans l'Allemagne du nord.

« Malgré l'abondance de ses minerais de fer, les

États associés occupent seulement le quatrième
rang en Europe pour la production annuelle des
fontes. Ils ne peuvent suffire à leur consommation intérieure, et encore moins résister à la concurrence anglaise, qui s'exerce à peu près librement sur les marchés du Zollverein.

« En 1843, l'Angleterre et la Belgique ont introduit en Allemagne 132,000 tonnes ; et, malgré l'élévation récente des droits d'entrée de
fer, les forges allemandes ont la plus grande
peine à subsister. Cet état de choses n'est pas une
crise passagère ; il faudra que le Zollverein la
subisse longtemps encore, s'il ne se décide à
prendre des mesures prohibitives.

« L'Angleterre, au moyen de l'application de la
houille à la fabrication du fer, en produit à elle
seule autant que toute l'Europe ensemble. Or,
aucune puissance n'est placée, pour l'emploi de
la houille, dans des conditions aussi favorables
qu'elle. Le Zollverein est riche en bassins houillers, mais les gisements sont éloignés des usines ;
l'extraction en est assez difficile. L'État prélève
un dixième sur le produit brut des mines, et le
prix est à peu près le même que celui des houilles françaises.

« Dans le système actuel de libre importation,
il est donc difficile d'espérer un progrès bien
réel dans l'industrie des fers allemands. Aujour-
d'hui, les Anglais peuvent livrer certains fers à

10 fr. par 100 kilogrammes au-dessous des cours allemands ; une seule de leurs gigantesques usines du pays de Galles suffit pour produire 35,000 tonnes, c'est-à-dire le quart de ce que produit tout le Zollverein. Lorsque, après l'achèvement des chemins de fer, l'industrie anglaise ne trouvera plus les débouchés nécessaires à cette immense production, elle baissera nécessairement ses prix, de manière à déterminer la crise commerciale la plus fâcheuse pour les usines allemandes.

« Quant à la fonderie de fer, elle est en très-bonne voie de progrès. La fonderie royale de Berlin a donné l'impulsion ; cette impulsion a été parfaitement suivie. On remarquait à l'exposition les produits de cette industrie, et surtout ceux de l'usine d'Ilsenbourg, dans le Harz, qui se distinguaient par une grande finesse d'exécution et beaucoup de goût dans les ornements.

« Les fers en lame, fabriqués à la houille, sont comparables aux meilleurs fers anglais, et très-supérieurs à ceux de France. Les fers de la Silésie jouissent d'une grande réputation. Cette province compte près de cinquante forges, qui produisent annuellement environ 400,000 quintaux métriques de fonte et 250,000 quintaux métriques de fers en barre (1).

(1) Voir, pour les détails et la comparaison du prix des fers

« Si, dans la production annuelle des fers, l'Allemagne est inférieure à la France, elle lui est de beaucoup supérieure dans la fabrication des aciers. Pour l'acier naturel, nous sommes obligés de nous adresser au commerce allemand ; et, pour l'acier cémenté et fondu, nous avons besoin de recourir à l'Angleterre. Le gouvernement français sentira, nous n'en doutons pas, la nécessité de favoriser cette industrie si utile, et encore trop négligée. Les aciers cémentés fabriqués à Toulouse et à Saint-Étienne avec les fers des Pyrénées, ne peuvent se comparer aux aciers anglais produits avec les meilleurs fers de Suède ; les premiers cependant reviennent à un prix bien plus élevé que les seconds. Pour conserver leur supériorité dans cette fabrication importante, des maisons anglaises ont accaparé, au moyen de marchés à longs termes, tous les fers de Suède d'une qualité supérieure.

« La production du plomb et de l'étain est peu importante dans le Zollverein ; mais on y emploie une grande quantité de zinc, tirée des mines de la haute Silésie. On en fait des statuettes, des ornements d'église et d'architecture, d'une exécution remarquable. L'industrie du cuivre battu, encore non introduite en France, se pra-

anglais, belges et allemands, le rapport de M. Goldemberg, page 163.

14.

tique seulement à Furth et à Nuremberg; elle n'existe que sur une fort petite échelle.

« Nos bronzes, comme tous les autres articles d'art et de luxe, ont une incontestable supériorité sur ceux d'Allemagne : cependant, l'exportation des bronzes de Paris a beaucoup diminué, parce qu'ils sont frappés par le Zollverein d'un énorme droit d'entrée, et parce que les Allemands commencent à remplacer l'emploi du bronze par celui du zinc.

« La fabrication de la quincaillerie occupe un grand nombre d'ouvriers dans la Thuringe, et surtout dans le grand-duché de Berg. Nous ne pouvons faire concurrence aux Allemands pour les outils dont la confection exige chez l'ouvrier une longue habitude; d'ailleurs, ils ont sur nous l'avantage de se procurer les matières à meilleur marché, et de payer la main-d'œuvre moins cher. Pour la taillanderie, ils ont conservé leur ancien monopole; l'Angleterre elle-même n'a pu le leur enlever. Vingt ou trente mille ouvriers sont employés à cette industrie dans le grand-duché de Berg; ils travaillent en général pour leur propre compte, et vendent leurs produits à des marchands établis au milieu d'eux, et qui vont chercher dans toute l'Europe des débouchés lucratifs et des commandes nouvelles.

« La fabrication des machines n'offre rien de remarquable; elle n'est pas aussi avancée qu'en

France, et ne pourrait exister sans la protection douanière. De deux cents locomotives employées sur les chemins de fer de l'association, quarante et une seulement sont d'origine allemande; les autres sont d'origine anglaise, américaine ou belge.

« Il est inutile de dire que, pour tout ce qui concerne l'horlogerie, l'orfévrerie, les armes à feu, les instruments de précision, les produits chimiques, l'Allemagne nous a laissé le premier rang.

« Après être arrivé au terme de cette revue rapide des principales productions du Zollverein, si vous me demandez ce qu'il faut en conclure relativement à l'industrie française, je ne croirai pouvoir mieux faire que de citer quelques lignes extraites du rapport de M. Legentil :

« Toutes les fois qu'un produit tire sa valeur d'un travail manuel, l'avantage du bon marché appartient en général à l'Allemagne; mais cet avantage, au contraire, peut être à bon droit revendiqué par la France dans la grande partie des articles dont la création économique est due à l'emploi des machines : produire beaucoup et à bon marché, c'est le but que se propose l'industrie allemande; elle vise plus à l'économie qu'au fini et à l'élégance du produit (1). Le fabricant allemand se contente de donner à ses produits un caractère d'utilité froide et sérieuse qui con-

(1) Page 82.

vient strictement à leur destination, sans chercher à séduire ou à provoquer le consommateur
par l'attrait de la nouveauté. Il n'affecte point de
disputer à la France le sceptre de l'invention et
du goût ; il la laisse déployer toutes les ressources de son imagination dans cette variété d'articles dont l'élégance de la forme, la gracieuse
entente des couleurs, le fini du travail, font à la
fois l'éloge de l'artiste qui compose et de l'ouvrier qui exécute (1). »

« Ainsi donc, en deux mots : bon marché des
matières premières, modicité de la main-d'œuvre, voilà les avantages de l'industrie allemande ;
productions économiques et multipliées, voilà
son but. Dans cette voie, c'est plus l'Angleterre
que la France qu'elle devra rencontrer sur son
passage ; et, jusqu'à présent, la lutte n'est pas
bien dangereuse, surtout pour le commerce anglais. Si les importations étrangères ont diminué
en Allemagne, c'est que les produits anglais,
américains et français poursuivent partout de leur
redoutable concurrence les produits allemands,
les refoulent sur leur propre marché, et les forcent
à s'adresser par tous les moyens à la consommation intérieure du pays. Du reste, comme nous
l'avons déjà démontré par des chiffres, les relations du commerce anglais avec le Zollverein
n'ont rien perdu de leur importance.

(1) Page 83.

« Rien ne menace donc la prépondérance britannique, du moins dans un prochain avenir. Cependant, si l'on réfléchit à ce grand mouvement industriel qui se manifeste dans tous les pays de l'Europe, à l'activité des esprits, au génie commercial qu'une longue paix a développé, à ces immenses voies de communication qui rapprochent tous les points du monde civilisé, on ne peut s'empêcher de prévoir pour les peuples du continent un équilibre nouveau, et pour l'Angleterre de sérieux dangers.

« Notre industrie s'étend et se perfectionne, quoique trop lentement peut-être ; le Zollverein reconstitue l'unité allemande, et, avec la puissance des forces combinées de l'association, pousse à un progrès rapide toute l'Europe centrale ; l'Autriche améliore graduellement et sans bruit sa marine marchande ; elle songe à établir, par ses bateaux à vapeur, des relations directes avec l'Égypte, le Brésil, et même avec l'Inde et la Chine ; elle travaille à faire de Trieste le centre d'un immense mouvement commercial, et l'entrepôt où viendraient se réunir, pour l'exportation, les produits du midi de l'Allemagne, de la Suisse, de la Pologne et de la Russie.

« En face de tous ces faits accomplis, de tous ces grands projets, qui n'ont peut-être rien d'inexécutable, n'est-il pas permis de se figurer une époque où l'industrie anglaise, peu à peu

repoussée des États européens, subira un nouveau blocus continental qui se resserrera de plus
en plus autour d'elle?

« Mais, quel que soit l'avenir, notre pays doit
se préoccuper sérieusement de ses intérêts ma-
tériels. Si nous ne pouvons atteindre encore le
premier rang commercial, du moins il faut conserver celui que le présent nous assigne. Notre
rôle, du reste, est tracé d'avance : sans négliger
la recherche des moyens de production économique, nous devons veiller à ne pas perdre
notre supériorité dans les œuvres de goût et de
luxe. Les progrès de l'industrie amèneront nécessairement partout, et surtout en Allemagne,
un changement dans les vieilles mœurs. Les
habitudes de bien-être, de comfort et d'élégance
grandiront à mesure que s'accroîtra la richesse.

« Nous devons nous tenir en mesure de satisfaire à ces tendances nouvelles ; et si nous en
avons la volonté ferme et persévérante, aucune
nation ne pourra enlever à la France les avantages que lui donne son heureuse nature, sa vive
intelligence, son génie actif, son amour pour les
belles créations de l'art industriel. »

DEUXIÈME LETTRE.

SOMMAIRE.

Organisation industrielle de l'Autriche. — Coup d'œil sur les
principales industries des provinces autrichiennes. — Résumé
du rapport des délégués français sur l'exposition de Vienne.
— Ports francs de l'Adriatique.

DEUXIÈME LETTRE.

« Vous avez bien voulu, mon cher ami, jeter avec moi un rapide coup d'œil sur la situation industrielle du Zollverein. Mais, quelle que soit l'importance de l'union douanière formée sous les auspices de la Prusse, quels que soient ses progrès et son avenir, nous devons porter ailleurs encore nos regards et nos études, si nous voulons avoir une idée de l'industrie allemande sous ses faces diverses.

« Nous avons eu sous les yeux le spectacle d'un grand et rapide développement commercial ; mais ce développement, rien ne le distingue, au fond, de celui qui a eu lieu en France et en Angleterre ; il a pour base les mêmes idées économiques ; il s'accomplit, pour ainsi dire, dans les mêmes conditions, sous l'influence d'une liberté progressive.

« Le tableau que présente l'Allemagne du midi est plus curieux peut-être.

« Nos industriels doivent, sans aucun doute,

suivre avec plus d'attention la marche ascendante de l'union douanière du Nord, afin de se préparer à défendre leurs produits contre une concurrence prochaine et redoutable ; mais s'ils étendent leur vue au delà de la lutte journalière, s'ils abordent un ordre d'idées plus générales, ils trouveront dans la constitution de l'industrie autrichienne un sujet digne de leurs études.

« Songez en effet, mon cher ami, à ce qu'est l'Autriche au reste de l'Europe, et surtout à l'Europe occidentale. Pendant que chez les autres nations l'idée industrielle semble devenir prédominante ; que les gouvernements, à l'envi les uns des autres, paraissent s'effacer pour faire place à l'industrie libre ; que la politique, en un mot, s'organise industriellement, l'industrie, en Autriche, reste organisée politiquement, et garde la profonde empreinte de l'idée monarchique.

« Tout favorise, du reste, l'isolement volontaire des États autrichiens. Ils se composent de provinces diverses par la nature de leur sol, le genre de leurs produits, le travail de leurs habitants. Les unes sont industrielles, les autres, agricoles. La Hongrie, la Transylvanie, la Gallicie, abondent en céréales, en fourrages, en minéraux ; elles peuvent fournir au besoin toutes les matières premières qu'exploitent les grandes manufactures de la basse Autriche, de la Bohême, de la Moravie, de la Silésie, et des pro-

vinces italiennes. Les provinces industrielles,
qui ne contiennent que le tiers de la population
totale de l'empire, trouvent à côté d'elles d'immenses marchés toujours ouverts à leurs produits, toujours fermés aux produits étrangers.
Elles n'ont point à faire de sacrifice aux exi-
geances du commerce extérieur.

« L'Autriche donc concentre ses forces au
dedans d'elle-même. Elle s'entoure d'un cercle
de douanes infranchissable, que ne peuvent pénétrer ni les industries ni les idées européennes.
Seulement, cette ligne de douanes laisse entre elle
et la mer un étroit intervalle où peuvent librement aborder les productions étrangères. Le littoral de l'Adriatique ouvre à toutes les nations
les ports francs de Trieste, de Venise, de Fiume.
Ainsi, tout en fournissant à la marine le moyen
de se développer, et, sans rompre ses barrières,
l'Autriche peut comparer son industrie nationale
avec l'industrie étrangère, étudier les modifications que doivent subir les tarifs de douane,
prohiber les produits qui arrivent avec plus d'a-
bondance et au meilleur marché dans ses ports.

« A l'abri d'un rigoureux système prohibitif,
elle laisse la production intérieure se développer
lentement, sans excitation factice, sans secousse
violente. Tout est réglé dans le mouvement industriel, tout suit la direction d'une main unique
et puissante. Presque toutes les grandes usines

sont des usines impériales, et ne laissent aucune prise aux excès de la concurrence privée. Les grandes entreprises sont faites par l'État; les chemins de fer, mis en dehors de la spéculation, du moins sur les principales lignes, servent exclusivement au développement de la richesse nationale, et transportent, par privilége, à bas prix, les marchandises que les fabriques ne parviennent pas encore à produire à bon marché.

« De nombreuses garanties protégent à la fois les industriels et les consommateurs. L'industrie vit encore, en Autriche, sous le régime des maîtrises et des corporations. Nul ne peut être ouvrier, compagnon, chef d'atelier ou de fabrique, s'il ne justifie d'un certain temps d'apprentissage; s'il n'obtient, après examen préalable, un certificat de capacité. Nul ne peut s'établir en qualité de fabricant ou de négociant, s'il ne déclare aux syndics de la corporation dont il va faire partie le capital qu'il destine à son commerce. Le chiffre de ce capital est soumis à une exacte vérification, et le nouvel industriel n'est admis dans la classe où il doit figurer qu'autant qu'il présente des garanties suffisantes de solvabilité.

« Chaque corporation a sa caisse de secours et de retraite, alimentée par une rétribution annuelle que payent, dans une proportion convenable, l'ouvrier, le manufacturier et le commerçant.

« Il faut, du reste, pour exercer un commerce ou une industrie, une autorisation du gouvernement. Cette autorisation est accordée sous forme de privilége personnel, illimité dans sa durée, mais circonscrit, quant à son exercice, dans les bornes d'une ville ou d'une province, suivant les ressources ou la capacité de l'industriel. Les priviléges sont nombreux et s'obtiennent sans difficulté; mais cependant ils ont pour effet nécessaire de restreindre l'activité de la concurrence.

« Favorisés par cet état de choses, sûrs de leur avenir et de leurs forces, des établissements considérables s'organisent. La confiance des capitalistes ne manque pas à une industrie qui ne peut s'exercer, pour ainsi dire, que sous la garantie morale du gouvernement.

« Je ne me permettrai point, mon cher ami, de juger ce système. Je vous ferai remarquer seulement que nos idées modernes ne le repoussent pas complétement. Si, d'un côté, on vante les bienfaits de la libre concurrence, du libre développement des forces individuelles, d'un autre côté, il se trouve des esprits éminents qui protestent bien haut contre la désorganisation de l'industrie, et qui demandent que le gouvernement intervienne pour donner une

15.

règle au travail, une direction aux producteurs.

« Je me garderai bien d'aborder cette grande question économique. Que le système autrichien soit un débris de la civilisation incomplète du moyen âge; qu'il soit au contraire la réalisation partielle d'un état social que consacrera l'avenir, nous n'avons pas à nous en occuper aujourd'hui : nous voulons voir seulement ce qu'a produit ce système, comment il se traduit matériellement, et ce qu'est devenue sous son influence l'industrie autrichienne.

« Pour accomplir, mon cher ami, notre rapide excursion à travers l'Allemagne du sud, nous aurons des guides excellents. M. le Ministre du commerce a délégué MM. Mayer et Dervieu pour visiter l'exposition industrielle de Vienne. La Chambre de commerce de Paris avait donné la même mission à M. Peligot, professeur de chimie au Conservatoire. Nous trouverons, dans les remarquables rapports des trois délégués, l'industrie autrichienne envisagée sous ses divers points de vue. M. Peligot nous fournit un travail complet sur les produits qui nécessitent l'application des sciences à l'industrie. M. Dervieu a étudié surtout l'industrie des soies, et M. Mayer a jeté un coup d'œil rapide et judicieux sur tous les produits qui figuraient à l'exposition de Vienne.

« C'est par la fabrication des produits chimiques, dont la plupart des industries sont tributaires, qu'il faut juger, ainsi que le remarque M. Peligot, de l'état général de l'industrie d'un pays. L'Autriche se trouverait placée dans les conditions les plus favorables, si elle était en mesure d'en profiter : elle possède de grandes richesses naturelles en produits chimiques; elle a d'excellents combustibles fossiles; la simple évaporation des eaux de quelques lacs de Hongrie lui fournit une quantité de soude suffisante pour alimenter la moitié de sa consommation. Ses abondants minerais d'alun lui donnent un produit comparable par sa pureté à l'alun de Rome. Ses pyrites lui fournissent la plus grande partie de l'acide sulfurique nécessaire aux besoins de son industrie. Nul pays n'est plus riche en sel : outre les salines de Saltzbourg, de la Gallicie et de la Transylvanie, l'Autriche trouve, dans les célèbres mines de sel gemme de Bochnia et de Wicliezka, des ressources que n'ont pu épuiser six siècles d'exploitation permanente. Elle produit annuellement 265 millions de kilogrammes de sel, sur lesquels elle en exporte 45 millions environ, et cette production constitue le septième de son revenu.

« Mais, malgré toutes ces richesses naturelles, l'industrie chimique est fort peu avancée dans les États autrichiens, parce que l'enseignement scientifique y manque. Ainsi, la fabrication de la soude artificielle, qui a pris en France un immense développement, n'existe pas encore en Autriche. L'emploi de cette substance, pour la production du savon et du verre, y est remplacé par l'emploi de la potasse ; et les manufactures autrichiennes sont obligées de demander à l'Angleterre le prussiate et le bichromate de potasse, les sels ammoniacaux et le phosphore.

« Cependant il y a progrès dans la fabrication de l'acide sulfurique, et sous le rapport de la quantité de produit et sous le rapport du prix de revient. L'industrie autrichienne conserve encore le monopole de cette espèce d'acide sulfurique connu sous le nom d'acide de Nordhausen, et préféré à tout autre pour la dissolution de l'indigo. L'industrie française n'a pu encore s'approprier ce produit ; elle va le chercher en Autriche, malgré des droits de douane fort élevés.

« Passons rapidement sur quelques industries qui ne présentent pas d'intérêt spécial. Il suffit, je crois, de mentionner pour mémoire les vins mousseux, qui ne sont qu'une médiocre imitation de nos vins de Champagne ; les papiers, qui n'ont pas d'importance dans un pays où l'on redoute si fort la liberté de la presse et le mouvement des idées ; les allumettes chimiques, malgré leur supériorité reconnue, qui les font exporter en Amérique et même en Chine ; les bougies stéariques, qui sont encore pour l'Allemagne une consommation de luxe; les capsules de poudre fulminante, qu'on est parvenu à fabriquer en Autriche avec la même perfection qu'en France.

« Je ne dirai même qu'un mot de la fabrication du sucre de betterave, bien qu'elle ait acquis de grands développements depuis 1836. Cette industrie occupe aujourd'hui une centaine de fabriques, dont les plus considérables sont situées en Moravie et en Silésie. Des droits élevés sur les sucres étrangers les protégent contre la concurrence extérieure. L'Autriche n'ayant pas de colonies, n'a pas à se préoccuper, comme la France, de toutes les questions qui peuvent se rattacher à l'intérêt colonial ou maritime : elle a donc exempté de tout impôt, même de la patente, la production du sucre indigène. Elle ne produit, du reste, encore que 8 millions de kilogrammes de sucre, c'est-à-dire un peu moins d'un quart de la consommation intérieure, consommation qui n'est en moyenne que d'un kilogramme par individu, tandis qu'en France elle est de 3 kilogrammes 1/2 par habitant.

« La principale fabrique de sucre de betterave est située en Moravie, dans la seigneurie de l'archiduc Charles, à Sedlowitz, au milieu du territoire le plus fertile. Vingt-deux communes composent cette vaste seigneurie, où le sol produit, sans engrais, une moyenne de trois cent cinquante quintaux métriques de betteraves par hectare. Cette culture, la plus fructueuse de toutes, y occupe quinze cents personnes.

« La fabrique de Sedlowitz travaille annuellement au delà de 100,000 quintaux de betterave, dont le prix, rendu à la fabrique, n'est que d'un franc par 100 kilogrammes; elle est établie sur de larges bases, et a su profiter de tous les perfectionnements apportés dans la fabrication par l'industrie française. Le salaire des ouvriers y est peu élevé, mais le bas prix de la main-d'œuvre contribue moins qu'on pourrait le penser au bon marché de la production dans un pays où les ouvriers n'ont pas encore toute l'activité et toute l'intelligence désirables.

« L'industrie des cuirs est assez considérable en Autriche, puisque ses produits annuels sont évalués à une somme de 131 millions. Les provinces autrichiennes, essentiellement agricoles, fournissent en abondance la matière première de cette fabrication importante; elles possèdent presque autant de bétail que la Russie elle-même : on y compte 16 millions de bêtes à corne et 23 millions de bêtes à laine. Elles reçoivent en outre une quantité considérable de bestiaux étrangers venus de la Russie, de la Valachie et de la Suisse.

« Mais la fabrication des cuirs y est encore peu avancée, malgré la protection des tarifs de douane. Il est même douteux que cette industrie réalise des progrès notables. La principale et la meilleure matière tanante, l'écorce de chêne, manque en Autriche; on ne peut la remplacer que très-imparfaitement par l'écorce de sapin, dont l'emploi est presque sans résultat, ou par la noix de galle de Hongrie, dont l'usage est nécessairement fort restreint, à cause du prix élevé de cette substance.

« L'Autriche sera donc obligée longtemps encore de s'adresser, ainsi qu'elle le fait aujourd'hui, à l'industrie française, pour la confection des cuirs vernis et des maroquins. Elle pourrait, sans nul inconvénient et sans nul danger, diminuer les droits d'entrée qui frappent cette nature de produits étrangers.

« Jusqu'à présent, mon cher ami, nous avons vu l'industrie autrichienne inférieure à la nôtre, inférieure à celle de l'Allemagne du nord. Il existe un genre de travail où nous allons la trouver sans rivale, et sous le rapport de la qualité des produits, et sous le rapport du bas prix de la production. Je veux parler, vous le comprenez déjà, des verreries de Bohême et de Venise.

« L'industrie du verre occupe le troisième rang en importance dans les États autrichiens. Mais si elle n'emploie pas des capitaux aussi considérables, si elle ne crée pas des valeurs aussi grandes que les industries de la laine et du lin, elle n'en est pas moins la première et la véri-

table gloire industrielle de l'Allemagne méridio-
nale.

« Je viens de mettre tout à l'heure sur la même
ligne la Bohême et Venise : c'est qu'il y a des
noms qui conservent toujours un certain pres-
tige. Venise, sous la domination autrichienne,
n'a rien gardé de son ancienne splendeur. Son
industrie a perdu aussi presque toute sa vieille
renommée ; elle n'avait fourni à l'exposition de
Vienne que quelques blocs de verre aventuriné,
produit curieux dont elle possède seule le secret ;
quelques tables en mosaïque, et des verres fili-
granés de la fabrication la plus grossière et la
plus imparfaite.

« Les verreries de Bohême, au contraire, prennent chaque jour plus d'importance, et augmentent chaque année leur exportation. Elles
trouvent dans la constitution politique du pays
une source de prospérité. La plupart des propriétaires féodaux de Bohême possèdent d'immenses territoires couverts de forêts de sapin ; et,
pour tirer parti de ces forêts, ils n'ont d'autres
ressources que d'y établir des verreries qu'ils
donnent à ferme, en fixant le prix du combustible pendant toute la durée du bail. Lorsque
la verrerie a consommé tout le bois qui se trouve
autour d'elle, on la transporte ailleurs, dans une
partie de la forêt non encore exploitée.

« Ces petites fabriques isolées ne font guère

qu'ébaucher le travail; on transporte leurs produits dans des raffineries de verre, où ils reçoivent la dernière main, et où on leur donne ces formes variées qui distinguent le verre de Bohême. Plus de vingt mille ouvriers, dans le cercle d'Hayda, sont occupés à tailler, graver, dorer ces divers objets, qui s'exportent avec tant d'avantage, et qui donnent un si riche aspect aux magasins de Prague, de Carlsbad, de Mariembad et de Vienne.

« Les perles de verre, les pierres artificielles, la lustrerie, forment une des plus curieuses branches de la fabrication du verre en Bohême. Cette industrie occupe sept mille ouvriers, répandus dans les montagnes et dans les vallées qui avoisinent Wisental. Le travail s'y fait en famille; les enfants y concourent dès l'âge de cinq à six ans. Les verreries de Gablonz et de Liebenau leur fournissent la matière première au plus bas prix; et de plus c'est à peine si la main-d'œuvre s'élève pour les ouvriers à une moyenne de 40 c. par jour pour les hommes, et de 10 c. pour les enfants.

« Dans ces conditions excessives de bon marché, la fabrication des perles et de la lustrerie ne craint aucune concurrence étrangère; aussi pénètre-t-elle sur tous les marchés sans rivalité possible. Elle envoie ses produits en France, en Angleterre, en Hollande; elle a des débouchés en Orient, en Égypte, dans l'intérieur de l'Afrique, et même en Chine. Cependant elle a perdu quelque chose de son importance, à cause du système de prohibition adopté par la Russie, à cause surtout de l'abolition de la traite des noirs ; la verroterie a toujours été, comme vous le savez, d'un grand usage pour l'achat des esclaves. Sur ce point, elle a subi heureusement le même sort que nos fabriques de corail de Marseille.

« Je ne vous parlerai point des objets remarquables envoyés à l'exposition de Vienne. Les délégués français ont distingué les vases et les candélabres provenant des deux fabriques les plus importantes de la Bohême, celles de M. le comte Harrach, et celle de M. Meyer. Si vous voulez lire une savante analyse du verre de Bohême, des considérations à la fois ingénieuses et justes sur cette belle industrie, je n'ai rien de mieux à faire que de vous renvoyer au consciencieux travail de M. Peligot (1). Je vous ferai remarquer seulement quelques faits ressortant de la comparaison de l'industrie verrière en Autriche avec la même industrie dans notre pays.

« La fabrication du verre en Bohême est placée dans des conditions les plus favorables. Les ma-

(1) Voir son rapport adressé à la Chambre du commerce de Paris.

tières premières qu'elle emploie sont d'une grande pureté, le bois qu'elle consomme coûte huit fois moins qu'en France, la main-d'œuvre est au prix le plus bas. Il en résulte que, sous le rapport du bon marché des produits, toute lutte avec elle est impossible : malgré les inconvénients que présente la mauvaise organisation des fabriques de Bohême, la lenteur des ouvriers, la division en petites usines, qui augmente les frais généraux, il existe encore une différence de 5o à 6o p. 1oo entre le prix du verre de France et celui du verre de Bohême.

« Si l'on compare la qualité des produits en eux-mêmes, on trouve que la verrerie commune de Bohême est supérieure à la nôtre. Cette supériorité provient surtout de l'emploi de la potasse, qui permet d'obtenir un verre incolore, et qui, dans notre pays, est remplacée avec un grand désavantage par la soude, substance qui donne au verre une teinte verdâtre.

« Quant à la verrerie de luxe, elle emploie en général des formes plus hardies et plus variées que la nôtre, bien qu'elle ait quelquefois recours à des ornements de mauvais goût. La taille et la gravure ne laissent rien à désirer, et quelques pièces sont garnies d'une belle argenture mate, brunie, à reliefs, que l'on connaît à peine en France. Enfin, il faut avouer que

nos industriels, malgré leur talent et leur intelligence, ne sont pas encore arrivés à égaler ceux
de Bohême dans la fabrication des verres colorés
dans la masse.

« Mais ils leur sont supérieurs sous d'autres rapports dans les objets de luxe : ils savent
employer des formes plus pures; ils mettent,
entre les diverses pièces qui composent un ensemble complet, plus de parité et d'harmonie.
Ni en Bohême, ni à Venise, on ne produit de
glaces comparables à celles de Saint-Gobain.
L'industrie des glaces coulées n'existe pas plus
en Autriche que dans le Zollverein. Les glaces
soufflées, les seules qu'on sache y fabriquer,
sont, à cause même de la nature du travail, de
petite dimension ; la teinte en est mauvaise et,
le poli imparfait.

« Il serait peut-être à désirer, dans l'intérêt
bien entendu de notre industrie, que l'administration abaissât les droits qui pèsent sur la potasse, matière importante que nous ne produi-
sons pas. Ce serait un pas de fait, et nous arri-
verions peut-être, malgré l'élévation du combustible et de la main-d'œuvre, à lutter avec la
Bohême pour la fabrication du verre commun,
aussi bien que pour la fabrication des glaces et
de la verrerie de luxe. Les progrès réalisés depuis quelques années dans les belles manufac-

tures de Baccarat, de Saint-Louis, de Wallerys-
thal, de Choisy, de Clichy, etc., prouvent qu'on
peut tout espérer des efforts de nos industriels
et de leurs travaux intelligents.

« Les arts céramiques, dont on doit constater
le développement réel en Autriche, et dont le
produit annuel représente une valeur de vingt-
six millions de florins, ne sont pas aussi avancés que l'industrie verrière.

« Il n'y a rien à dire d'important sur la fabrication des tuiles, des briques, des potasses
communes; peu de chose sur celle des porcelaines. On compte dans les États autrichiens
quinze fabriques de porcelaine, dont dix sont
situées en Bohême, et trois dans les provinces
italiennes. La première, par sa date comme par
sa réputation, est la manufacture impériale de
Vienne. Ses produits sont fort remarquables et
d'excellente qualité; il sort aussi de ses ateliers
de charmantes figurines peintes et dorées, qui
sont une imitation fort habile du vieux Saxe.
Mais elle est loin de pouvoir rivaliser avec notre manufacture royale de Sèvres, et d'avoir la
même utilité artistique et industrielle. L'établissement de Vienne n'est qu'une fabrique commerciale établie sur une grande échelle, et faisant concurrence à toutes les autres; celui de
Sèvres est une école ouverte à tous les essais, et

favorise puissamment les progrès des arts céramiques.

« La porcelaine blanche coûte un peu moins en Autriche qu'en France; la porcelaine peinte et dorée, au contraire, est d'un prix beaucoup plus élevé. L'exportation est à peu près nulle.

« L'Autriche, qui renferme d'immenses richesses minérales, n'occupe parmi les nations de l'Europe que le sixième rang pour la production du fer; cette production peut s'élever à une valeur de 32 millions de florins. L'industrie métallurgique vit sous la protection d'un régime rigoureusement prohibitif. Elle est en partie concentrée entre les mains du gouvernement, dont les forges, au nombre de trente-trois, fournissent à elles seules un cinquième de la production totale.

« C'est dans la Styrie que se trouvent les minerais les plus abondants et les meilleurs en qualité; mais toutes les provinces autrichiennes, à l'exception de Venise et du littoral, produisent du fer. Le droit d'exploiter les mines appartient à l'État, ou fait partie des prérogatives seigneuriales de certaines familles; ainsi les matières premières indispensables à l'industrie, telles que le fer et la houille, se trouvent la propriété exclusive de quelques privilégiés, qui peuvent à leur gré en établir la valeur vénale. Il est juste pourtant de faire remarquer, avec M. Peligot, que cette organisation, si défectueuse sous certains rapports, favorise les exploitations métallurgiques qui exigent des capitaux que l'État peut seul fournir, et fait prospérer en Russie, en Saxe, comme en Autriche, la production rétrograde en France du cuivre, du plomb, de l'antimoine et de l'argent.

« Il est impossible de ne pas parler ici de l'une des industries les plus anciennes de l'Autriche, de la fabrication des faux. Les faux fabriquées avec les fers spathiques de la Styrie ont conservé leur ancienne réputation ; elles pénètrent encore dans tous les marchés, et envahissent surtout ceux du Zollverein. Les industriels de Prusse cherchent inutilement à faire concurrence à ceux de Styrie ; dans leur impuissance, ils sont réduits, si l'on en croit les plaintes de l'Autriche, à contrefaire les marques de leurs habiles rivaux.

« Cette contrefaçon paraît d'autant plus coupable aux fabricants autrichiens, qu'elle tend à discréditer une industrie à laquelle ils attachent une haute importance nationale. La fabrication des faux a son organisation et ses règlements particuliers ; elle est constituée en corps de métier ; la production de chaque fabrique est limitée ; un atelier ne peut confectionner par an que cinquante à soixante mille faux, et doit avoir sa marque spéciale. Chaque partie du travail doit s'exécuter dans un certain ordre, par une méthode déterminée, et par le même ouvrier, afin que les produits soient tous d'une même qualité supérieure.

« De grands ateliers pour la construction des machines commencent à s'établir en Autriche. La compagnie du chemin de fer du Sud occupe huit cents ou mille ouvriers à confectionner des wagons et des locomotives. On distinguait, à l'exposition de Vienne, ses produits, ainsi que ceux de plusieurs autres industriels. Cependant l'industrie mécanique n'est pas encore fort développée dans le pays ; la plupart des usines emploient des machines étrangères, fournies par l'Angleterre et la Belgique.

« Vous connaissez l'importance qu'a toujours eue dans le sud de l'Allemagne la production de la laine. Vous savez que c'est là pour elle un des principaux éléments de richesse. La Moravie et la Sibérie gardent leur supériorité pour les laines fines. La Hongrie et la Transylvanie donnent les laines destinées au peigne. Les produits fournis par toutes ses provinces réunies, s'élèvent annuellement à quarante millions de kilogrammes ; les quatre cinquièmes sont aujourd'hui employés dans les provinces autrichiennes ; le reste est exporté, et figure dans le mouvement commercial pour une valeur officielle de vingt-quatre millions de francs.

« Il existe en Autriche quatorze établissements de laine peignée qui travaillent avec 31,500 broches, et font 531,400 kil. de fil. La filature des frères Soxhlet, à Brunn, est la plus considérable de l'Allemagne : elle occupe 500 ouvriers et 24,000 broches, qui travaillent jour et nuit.

« La fabrication des tissus de laine est aussi très-développée dans les États autrichiens ; elle représente une valeur de cinquante-huit millions de francs. La manufacture de Neugedein, en Bohême, occupe plus de 2,400 ouvriers. Favorisée par le bas prix de la main-d'œuvre et des matières premières, elle peut livrer des produits de 40 et 50 p. 100 moins chers que les produits similaires français. Les dessins des étoffes sont ordinairement faits à Paris.

« Les châles de Vienne nous font une vive concurrence à l'étranger. Ils sont recherchés surtout dans le nord de l'Europe. Les fabricants ont su profiter de tous les progrès faits par l'industrie française. Selon M. Dervieu, on compte aujourd'hui six à sept mille métiers à Vienne. Le travail s'opère dans de petits ateliers, sous la surveillance et la responsabilité du maître-ouvrier, auquel appartiennent tous les agrès, hors la mécanique, et qui perçoit à lui seul le tiers de la façon. Quelques fabricants occupent jusqu'à 250 métiers.

« Le prix de la laine, celui de la main-d'œuvre, celui de la teinture, étant inférieurs de beaucoup à celui qu'on paye en France, il est impossible que, pour l'article moyen, nos produits, frappés d'un droit de 60 p. 100 *ad valorem*, puissent pénétrer beaucoup sur les marchés allemands. Mais nous conservons encore notre avantage pour les articles de goût et de luxe, et pour tous ceux qui demandent une grande finesse d'exécution, une bonne entente du dessin et du coloris.

« Quant à l'industrie du lin, elle est aujourd'hui en état de crise en Autriche comme dans toute l'Allemagne. La filature et le tissage à la main, seuls moyens d'existence de nombreuses populations dans la Bohême et la Moravie, ne peuvent soutenir la concurrence des machines anglaises. Les ouvriers, après douze à seize heures de travail, parviennent à peine à gagner la valeur de huit à douze centimes. La matière première est fort abondante : on récolte en Autriche jusqu'à 84 millions de kilogrammes de lin, mais la préparation en est fort imparfaite. Aussi l'exportation des toiles tend-elle à diminuer, pendant que l'importation des fils anglais augmente. S'il faut en croire la *Gazette d'Augsbourg*, l'Angleterre fait avec ses bons fils des toiles qu'elle vend sous le nom de toiles allemandes, et qui chassent de tous les marchés d'outre-mer les véritables produits allemands, tandis qu'elle envoie en Allemagne ses fils énervés, qui servent à faire de mauvaises toiles. L'Allemagne n'a donc qu'un moyen de relever son industrie linière : celui d'adopter et de développer chez elle la filature du lin à la mécanique.

« L'industrie du coton est dans des conditions plus favorables. Elle a pris une assez grande importance ; cependant elle ne suffit encore qu'à la consommation intérieure des provinces autrichiennes. Ses exportations en tissus ne s'élèvent pas à une valeur de 3 millions de francs, tandis que dans le Zollverein on peut la porter à 56 millions, et en France, à plus de 91 millions.

« Une des plus grandes richesses de la monarchie autrichienne, c'est sans contredit la production de la soie, production qui semble appelée à prendre d'immenses développements. La culture du mûrier s'étend dans presque toutes les provinces, notamment dans le Milanais, dans la Briance, à Bergame, à Brescia, à Vérone. Dans la petite contrée du Frioul, les routes, les champs, les places publiques, sont plantés de mûriers, et le revenu annuel de ces plantations s'élève déjà à 20 millions.

« Pour l'éducation du ver à soie, l'Italie du nord a complétement abandonné le système des

grandes magnaneries, qu'on y regarde comme
très-défectueux, à cause des procédés artificiels
qu'il emploie. Dans le Milanais, et surtout dans
la Briance, où se forme une excellente espèce de
cocons, on n'excite point par une température
factice la croissance du ver à soie ; on l'aban-
donne à toutes les variations de la température,
aussitôt qu'il est en état de les supporter. Il acquiert ainsi toute la vigueur convenable, et n'est
point exposé à toutes les maladies que produit
l'air vicié des grandes magnaneries.

« Dans les provinces italiennes, les filatures
sont organisées sur une grande échelle. Les plus
belles soies filées proviennent de la Briance, et
il existe à peine quelques fabriques françaises
dont les produits surpassent ceux du Milanais.

« Les industriels autrichiens ont fait, avec une
grande intelligence, l'application à la soierie des
machines inventées dans notre pays. Ils ont
même quelquefois apporté des perfectionnements utiles ; et, selon M. Dervieu, il n'existe
ni secrets, ni connaissances, ni ressources, qui,
dans cette branche de fabrication, leur soient
aujourd'hui inconnus.

« L'industrie des soies compte à Vienne dix
mille métiers réunis dans de grandes manufactures ; à Milan, quatre mille métiers ; à Côme,
six mille cinq cents métiers, disséminés dans de
petits ateliers.

« Vienne et Milan produisent de bons velours, inférieurs cependant à ceux d'Ala, qui commencent à s'exporter, et qui sont presque comparables à ceux de Lyon. Côme fournit des étoffes unies dans des qualités légères et courantes, qui pénètrent maintenant sur les marchés étrangers, et sont recherchées à cause de leur bonne confection et de leur bas prix. Milan est très-avancé dans la fabrication des soieries façonnées, et des soieries pour meubles et ornements d'église ; mais c'est à Vienne surtout qu'on trouve des étoffes destinées au culte exécutées avec une rare perfection, et rivalisant avec les meilleurs articles de Lyon.

« Les rubans faits à l'imitation de ceux de Saint-Étienne ; les passementeries, qui trouvent un débouché assez considérable dans le Nord et le Levant ; les tulles, qui prospèrent sous la protection des tarifs de douane, prouvent que toutes les parties de l'industrie de la soie sont parfaitement comprises dans les provinces autrichiennes.

« Je dois terminer là, mon cher ami, cette rapide énumération des principales branches de la production nationale en Autriche ; mais il me reste encore, pour compléter mon travail, à constater par quelques chiffres l'état du commerce extérieur de ce pays.

« Les transactions commerciales de l'empire

autrichien avec les autres États se sont beaucoup développées depuis quinze ans ; elles ne sont pas cependant en rapport avec l'étendue territoriale, la population, les richesses agricoles, forestières et minérales, non plus qu'avec la situation géographique de cette vaste contrée, qui, par l'Elbe, l'Oder et la Vistule, touche aux mers du Nord ; par le Danube, à la mer Noire et aux provinces turques ; par le littoral de l'Adriatique, au bassin de la Méditerranée, à portée de la Grèce et des échelles du Levant. Malgré tous ces avantages de constitution naturelle et de position, l'ensemble de son commerce extérieur ne dépasse pas le chiffre de 850 millions, dont près des trois quarts appartiennent au commerce spécial du pays, c'est-à-dire à celui qu'exigent la consommation intérieure et la vente des produits nationaux.

« La moitié environ de cette somme de 850 millions s'applique au *commerce de mer ;* l'autre moitié, c'est-à-dire environ 425 millions, au *commerce de terre*, qui fait ses principales opérations avec le Zollverein, les États sardes, la Suisse, la Russie et la Pologne. Parmi les provinces autrichiennes, la Lombardie, à cause de sa riche production de soie, occupe le premier rang par l'importance des échanges. On peut placer ensuite l'Autriche proprement dite, puis la Bohême et Venise.

« Les produits du sol et les matières premières

représentent 75 pour cent dans le chiffre de l'exportation autrichienne. En France, au contraire, la valeur des produits industriels exportés est, relativement à l'exportation totale, dans cette même proportion de 75 pour cent. L'industrie n'entre donc jusqu'à présent en Autriche que pour une part assez faible dans la production de la richesse nationale. Ce qu'elle exporte surtout avec un accroissement annuel marqué, ce sont les céréales, les bestiaux, le lin, le chanvre, et surtout les bois, la laine et la soie.

« Il n'est pas douteux cependant que, malgré les obstacles apportés par les institutions du pays, par l'esprit stationnaire du gouvernement, le mouvement industriel moderne ne pénètre jusqu'en Autriche. On y voit déjà surgir de nombreuses associations ; ainsi, les manufacturiers ont fondé à Vienne une société pour la propagation des bonnes méthodes industrielles et l'encouragement des découvertes utiles. Dans le Tyrol, la société patriotique forme un musée de produits agricoles et industriels ; à Trieste, la société de la Bourse a nolisé un navire et envoyé une commission spéciale pour explorer, sous le rapport commercial, l'Abyssinie, les Grandes Indes, le Japon et la Chine. Elle a résolu d'ouvrir un comptoir à Singapore, et les actions qu'elle a émises à cet effet ont trouvé de nombreux souscripteurs.

« Une école gratuite d'arts et métiers, une école d'agriculture, une caisse d'épargne, un comptoir d'escompte, viennent d'être établis à Trieste.

« Les voies de communication s'étendent et s'améliorent dans tout l'empire. La construction des chemins de fer se poursuit avec activité, et avec une remarquable économie. Les deux grandes compagnies du Danube et du Loyd autrichien, à l'aide des priviléges que leur a concédés le gouvernement, ont organisé le service le plus régulier, le moins coûteux et le plus étendu qui existe encore sur la Méditerranée, le Danube et la mer Noire. La compagnie du Danube dessert.depuis Ratisbonne jusqu'à Galatz ; ses remorqueurs, établis pour la remonte des bateaux sur ce grand fleuve, facilitent et multiplient les relations du centre de l'empire avec le bassin et les côtes de la mer Noire. La compagnie du Loyd autrichien possède vingt bateaux à vapeur. Elle dessert la mer Noire sur deux lignes : l'une, de Galatz par Varna à Constantinople, en correspondance avec la compagnie du Danube ; l'autre, de Constantinople à Tribézonde. Dans la Méditerranée, elle fait le service de tous les points importants, depuis Trieste jusqu'aux ports de l'Asie Mineure.

« Le mouvement commercial dans les ports francs s'accroît avec rapidité. Venise n'a pas encore repris son ancienne splendeur, mais elle a fait déjà de notables progrès, qui deviendront

plus grands lorsqu'elle aura prolongé son chemin de fer jusqu'à Milan , et surtout lorsqu'elle
aura abandonné des habitudes commerciales qui
ne sont plus en rapport avec notre époque. On
peut déjà évaluer d'une manière approximative
le chiffre des affaires qui se font à Venise à une
somme de 70 millions.

« Trieste, qui ne comptait pas six mille habitants il y a un siècle, et qui ne faisait alors qu'un
commerce de cabotage, est devenu, après Marseille, le plus considérable des entrepôts médi-
terranéens. Son commerce, un instant affecté par
la crise de 1840, a repris depuis deux ans l'essor le plus vigoureux : il a étendu ses relations
avec la Turquie et tout le Levant; avec la Russie, le Mexique, les États-Unis. Il comprend
trois grandes branches : les denrées coloniales,
les grands produits du littoral de la Méditerranée, enfin les marchandises arrivées tant par
le continent que par mer, et qui se répartissent
dans cette double direction. L'ensemble de ces
transactions commerciales atteignait en 1844 la
somme de 275 millions.

« Je vous faisais remarquer tout à l'heure qu'a-
près Marseille Trieste est le port le plus important
de la Méditerranée. S'il faut en croire quelques sta-
tistiques semi-officielles, le commerce de Marseille serait au moins le triple de celui de Trieste,
et s'élèverait de 650 à 700 millions. Mais les

progrès de ce dernier port s'accomplissent dans une proportion rapide, et pendant les quatre dernières années ses affaires se sont accrues de 24 pour cent, tandis que pour Marseille l'accroissement n'était que d'environ 12 pour cent. De plus, avant dix ans, lorsque les chemins de fer de l'Allemagne seront terminés, le port de Trieste correspondra en 54 heures avec le port de Stettin ; en 45 heures, avec Hambourg et Brême ; en 64 heures, avec Ostende par Mayence et Cologne. Il aura donc ainsi une communication directe et rapide avec les ports principaux de la mer Baltique et de la mer du Nord. Il faut ajouter que la marine marchande autrichienne n'est pas restée stationnaire, bien qu'elle n'ait pas réalisé de grands progrès : elle compte aujourd'hui, outre les vingt bateaux à vapeur de la compagnie du Loyd, cinq cent trente-huit bâtiments à voile jaugeant ensemble 145,617 tonneaux.

« De tous ces faits que je viens de faire passer rapidement sous vos yeux, il résulte sans nul doute, mon cher ami, que, d'une part, l'industrie autrichienne a fait de notables progrès ; de l'autre, qu'elle possède dans les immenses richesses naturelles du pays les plus magnifiques garanties d'avenir. Mais là plus qu'ailleurs, l'avenir n'échappe-t-il pas à toutes les prévisions ? Verrons-nous la puissance industrielle de l'Autriche se développer par une marche lente et sûre, exempte de secousses et de crises, sous l'égide d'un gouvernement aux apparences paternelles? La verrons-nous s'étendre dans une juste mesure, protégée contre les nations rivales par un rigoureux système prohibitif, contre les excitations quelquefois excessives de la concurrence intérieure, par les règlements et les priviléges? Verrons-nous enfin toutes ces provinces, si diverses par les mœurs, par les habitudes, et même par les institutions, se fondre peu à peu dans un vaste ensemble, et concourir toutes avec une égale ardeur à la prospérité matérielle et morale de l'empire? Pour moi, je ne puis le croire; et j'attends plus, je l'avoue, du libre mouvement des esprits en France et en Angleterre, que des institutions immobiles de la monarchie autrichienne. »

TROISIÈME LETTRE.

SOMMAIRE.

Coup d'œil général sur l'industrie en Espague. — Opinion des économistes espaguols. — Visite à la manufacture royale de tapisseries de la *porte de Bilbao*, à Madrid.

TROISIÈME LETTRE.

« Il y a quelques jours, mon cher ami, je vous annonçais mon prochain départ pour l'Espagne. Ce pays, au milieu des troubles politiques, des *pronunciamentos*, des guerres civiles, n'en songe pas moins à développer les magnifiques éléments de sa richesse nationale. Le gouvernement espagnol a profité d'un instant de paix pour préparer, à l'exemple des autres nations de l'Europe, une grande fête industrielle. Madrid aura, cette année, son exposition des produits de l'industrie, comme Berlin et Vienne. M. le Ministre du commerce avait chargé des commissaires officiels d'étudier sur les lieux les progrès de l'industrie du Zollverein et ceux de l'industrie autrichienne ; il lui a semblé également utile de faire constater la situation de l'industrie espagnole, et il a bien voulu me charger de cette misssion conjointement avec M. Blanqui, notre savant et spirituel économiste.

« Notre tâche, mon cher ami, est loin d'être

sans difficulté. Il ne s'agit pas ici d'étudier un mouvement industriel déjà réglé, déjà établi, pour ainsi dire, sur des bases normales. A Berlin, on peut presque au premier coup d'œil, et au moyen des produits exposés, se faire une idée à peu près exacte des résultats qu'avait obtenus l'union douanière allemande. Chaque branche de la production nationale dans les provinces autrichiennes croît et grandit sous la tutelle du gouvernement. En Prusse et en Autriche, on peut donc apprécier les faits industriels dans leur ensemble. Les forces et les ressources de ces deux États se manifestent déjà clairement, et, pour la plupart, elles ont déjà été mises en œuvre.

« En Espagne, au contraire, rien n'est encore à l'état d'organisation : on voit éclore çà et là des germes qui promettent une heureuse fécondité, mais tout paraît encore livré aux chances d'un avenir orageux. Je ne puis mieux vous faire juger de l'état de l'industrie espagnole qu'en vous citant ces paroles de M. Ramon de la Sagra, l'un des écrivains les plus distingués et des économistes les plus avancés de la Péninsule : « Les Es-« pagnols, en se lançant dans l'industrie, dit « M. Ramon de la Sagra, obéissent ordinaire-« ment à des inspirations isolées, pour satisfaire « des besoins purement locaux, sans tenir compte « des forces productrices et de la concurrence

« nationale ou étrangère. Entourés de moyens
« vigoureux d'action, poussés par un noble sen-
« timent d'application et d'indépendance, ils se
« sont jetés dans l'établissement d'industries di-
« verses, comme un jeune homme excité par sa
« propre vigueur à exercer ses forces, et qui em-
« brasse des carrières capricieuses sans plan, sans
« guide, et sans autre but ou objet fixe que celui
« d'agir ou de se mouvoir. »

« Ceci s'applique, vous le comprenez, mon
cher ami, à l'état général de l'industrie. Je ne
veux pas dire pour cela qu'il n'y ait aucune exception, et qu'aucune branche de l'industrie espagnole ne soit aujourd'hui développée ; je ne
veux pas dire même que l'Espagne ne soit pas en
progrès ; mais il est évident que ce progrès n'est
bien sensible que pour certaines industries et
dans certaines contrées. L'impulsion n'est pas
encore générale : ceci frappe au premier coup
d'œil le voyageur qui parcourt la Péninsule. La
vie industrielle ne se montre pas à lui, comme
dans d'autres pays, sous des formes vives et saisissantes ; il faut pour ainsi dire la chercher, la
découvrir sous des apparences d'inactivité et
d'indifférence.

« Il est aisé de voir que l'Espagne est arrivée à
une époque de transition ; mais cette transition
est à peine à son commencement. Des hommes
habiles et d'une haute intelligence politique,

MM. Martinez de la Rosa, Mon, Pidal, etc., sont à la tête de l'administration, et font entrer leur pays dans une voie de progrès. Cependant, malgré leurs efforts intelligents, les habitudes nouvelles ne sont pas encore formées. Ces vastes couvents, qui seront bientôt sans doute convertis en manufactures, sont encore déserts pour la plupart; les longues galeries sont vides, l'herbe croît dans les cours; les moines oisifs sont partis déjà, mais les ouvriers laborieux ne sont pas encore venus les remplacer.

« Voici, mon cher ami, mes premières impressions. Je ne sais si mon séjour ici et mon prochain voyage dans diverses provinces de l'Espagne pourront les modifier. Quoi qu'il en soit, vous ne vous attendez pas à trouver dans cette lettre des détails circonstanciés sur l'exposition de Madrid; je ne pourrais rien vous dire que vous ne dussiez voir de nouveau dans le rapport que nous allons adresser, M. Blanqui et moi, à M. le Ministre du commerce. Au surplus, il est facile de reconnaître que les produits exposés dans le couvent de la Trinité ne représentent pas d'une manière complète l'industrie espagnole. Nous irons visiter les centres industriels, et en particulier Valence et Barcelone, qui semblent destinées à conserver une importance commerciale que Madrid n'obtiendra jamais : tout le monde, même ici, s'accorde à le dire. Madrid n'est guère

que de nom la capitale de la Péninsule. Quelle
différence entre les villes du littoral, qu'entourent
des campagnes si riches, si fécondes, que baigne
la Méditerranée, et ce triste séjour royal, qu'entoure un pays désolé, presque sans culture, presque dépourvu de végétation ! Que d'efforts, que
de travaux ne faudrait-il pas pour faire parvenir
jusqu'au pied de la Sommo-Sierra ce mouvement,
cette vie qui se manifestent partout dans les provinces situées au bord de la mer !

« Madrid possède fort peu d'établissements industriels; il en est un cependant que j'ai dû visiter
avec un intérêt tout spécial : c'est l'ancienne manufacture royale de tapis, située près de la porte
de Bilbao, dont elle porte le nom. Cet établissement appartient à l'État. N'allez pas pourtant,
mon cher ami, vous figurer quelque chose de
semblable aux Gobelins, ou bien à la Savonne-
rie; votre erreur serait par trop complète. Dans
la manufacture royale de Madrid, qui a eu ses
jours de gloire, je n'ai plus trouvé que de grands
ateliers déserts, où quelques métiers à demi-bri-
sés rappelaient à peine la destination primitive
de ces vastes constructions. Au milieu de cette
solitude, deux ou trois ouvriers réparaient de
vieilles tentures, et semblaient fiers de l'importance de leur travail. J'ai pu cependant remarquer, parmi les pièces en réparation, des tapisseries passablement exécutées d'après les tableaux

du peintre Goya : presque toutes représentaient des combats de taureaux, ou des scènes relatives à l'éducation préparatoire des hommes destinés à figurer dans ces spectacles si dramatiques et si chers à l'Espagne.

« Il ne reste plus rien à Madrid, comme vous le voyez, de cette industrie de luxe qui semble encore aujourd'hui être toute française ; mais nous retrouverons l'industrie espagnole avec ses développements nouveaux, ses espérances d'avenir, dans les fabriques de la Catalogne et du royaume de Valence. Vous lirez avec quelque intérêt, je l'espère, le rapport d'ensemble que nous adresserons à M. le Ministre du commerce, et que je vous enverrai aussitôt après mon retour en France. »

RAPPORT

DE MM. BLANQUI ET SALLANDROUZE

A MONSIEUR LE MINISTRE DE L'AGRICULTURE ET DU COMMERCE,

SUR L'EXPOSITION DE MADRID EN 1845.

RAPPORT

DE MM. BLANQUI ET SALLANDROUZE

A MONSIEUR LE MINISTRE DE L'AGRICULTURE ET DU COMMERCE,

SUR L'EXPOSITION DE MADRID EN 1845.

« Monsieur le Ministre,

« Conformément à la mission dont vous nous avez fait l'honneur de nous charger, nous nous sommes empressés de nous rendre à Madrid, où nous avons trouvé l'exposition ouverte depuis environ quinze jours. Le gouvernement avait choisi pour l'établir, faute d'autre local, un ancien couvent, dit de la *Trinité*, déjà occupé par une galerie de tableaux, et assez dépourvu de jour et d'espace. Cependant les produits y étaient rangés avec assez d'ordre ; mais leur petit nombre ne nous a pas permis de considérer l'exposition actuelle comme l'expression exacte de l'état de l'industrie dans la Péninsule.

« Ce qui nous a d'abord frappés, c'est la rareté des exposants et le petit nombre des produits exposés. On comptait à peine 325 noms sur le catalogue, et nous avons appris que ceux-là même n'avaient répondu à l'appel qui leur avait été fait qu'après bien des invitations, des prières, des instances répétées.

« L'administration ne s'était chargée que d'une partie des frais de transport des produits; et il y a lieu de penser que cette circonstance, dans un pays où les distances sont énormes et les tarifs de roulage très-élevés, n'aura pas peu contribué à refroidir le zèle des fabricants espagnols. En outre, il n'y avait pas eu de délai de rigueur fixé pour les admissions; de sorte que les produits ont été expédiés jusqu'au dernier moment, et il en arrivait encore pendant les derniers jours de l'exposition.

« Celle-ci était la cinquième. Les quatre précédentes, interrompues à diverses reprises par les troubles politiques, remontaient à l'année 1827, et s'étaient succédé, à des intervalles inégaux, en 1828, 1831 et 1841. Elles avaient compté 297, 320, 228 et 214 exposants, presque tous de Madrid, de Barcelone, de Valence et de Malaga; les Catalans comptant à peu près pour un tiers, Madrid et l'Andalousie pour les deux

autres. C'est peu lorsque l'on considère l'importance de certaines provinces, telles que les Asturies, la Galice et le pays basque : mais l'esprit
de localité qui y règne, et peut-être aussi une
défiance exagérée de leur valeur industrielle, ont
dû retenir l'élan de ces populations.

« Le mouvement de cette année n'a pas été
plus prononcé, si l'on en juge par le nombre
d'exposants que nous avons cité, et qui appartiennent encore plus spécialement que ceux des
expositions précédentes aux villes de Madrid et
de Barcelone. Une foule d'industries importantes n'étaient pas représentées; et l'on a dit avec
raison que l'on ferait une exposition brillante
de tout ce qui manquait à celle de 1845. Plusieurs produits nous ont même paru être d'origine étrangère, française ou anglaise : nous ne
les désignerons point, pour ne blesser aucune
susceptibilité; mais ces importations portaient
un tel cachet d'*étrangeté*, elles se distinguaient
par des caractères tellement aisés à reconnaître,
même aux yeux des moins exercés, que nous
n'avons pu expliquer leur présence autrement
que par le manque de surveillance ou de sévé-
rité dans l'admission des produits.

« Le catalogue indiquait, à côté de chaque article, les prix de vente en détail, prix généralement fort élevés, et qui n'ont dû être cotés aussi
haut que pour être sincères, car nul exposant ne

se refusait à céder ses produits aux conditions portées sur le livret. Votre Excellence sera frappée sans doute de cette élévation remarquable des prix, qui est le caractère distinctif de l'exposition espagnole. Nous la croyons pourtant exagérée, et nous pensons qu'il serait injuste de supposer qu'elle exprime avec exactitude le véritable état des choses. L'industrie, en Espagne, ne vit pas d'une vie libre et régulière. Les matières premières y sont soumises à des droits exorbitants; et la consommation, sans cesse envahie par une contrebande d'autant plus active que les droits sont plus élevés, ne permet pas aux manufacturiers d'établir leurs prix sur des bases fixes et modérées. Les transports se font généralement par bêtes de somme, même sur les routes royales; et ils ajoutent une valeur artificielle à celle qui est le résultat des tarifs. Il est permis de croire que, sans cette double action des frais de douane et des tarifs de transport, l'industrie espagnole serait dans des conditions égales, peut-être supérieures, à celles des grands pays manufacturiers de l'Europe; et il dépend d'elle d'y arriver un jour, puisque les tarifs peuvent être abaissés, et les voies de communication perfectionnées et multipliées.

« Il n'échappera pas à Votre Excellence que, même en ce moment, l'Espagne est parvenue à se soustraire à l'action démesurément protectrice de ses douanes par une contrebande active et organisée avec habileté. Le commerce extérieur se fait en majeure partie par cette voie illicite, et ne serait pas apprécié à sa véritable importance, si l'on prenait pour base les tableaux officiels de la douane. En réalité, et cela est digne de remarque, l'Espagne est aujourd'hui le pays de l'Europe où règne de fait la plus grande liberté du commerce, puisque le maximum des assurances de fraude est de 3o pour 100 de la valeur des articles que certains fabricants du pays pourraient croire protégés par des tarifs de 100 pour 100. L'industrie ressemble donc un peu, dans ce pays, à un jeu de hasard; et la garde qui veille pour elle aux frontières ne la défend pas, autant qu'on le croit communément, des atteintes de la concurrence étrangère. Les prix élevés du catalogue de l'exposition doivent donc souffrir, en plus d'une circonstance, des réductions considérables; et il est permis de penser que les fabricants espagnols peuvent vendre leurs produits sans perte à des conditions plus rapprochées des prix courants du reste de l'Europe. Nul ne saurait prévoir où leurs progrès s'arrêteront quand les capitaux cesseront de se porter à la Bourse, où des variations fréquentes de 1 et 2 pour 100, sur un fonds à 3o et à 4o, donnent cours aujourd'hui aux spéculations les plus folles et les plus hasardeuses.

« En examinant attentivement l'ensemble de l'exposition, il était facile de reconnaître que les tissus de soie, de fil, de laine et de coton y occupaient une place considérable, ainsi que les cuirs et peaux, les papiers peints, les savons et les fers.

« L'industrie des lainages appelait naturellement notre première attention. C'est une des vieilles gloires de l'Espagne. Aujourd'hui bien déchue, elle essaye de se relever. Plusieurs exposants de la Catalogne et de Ségovie, quelques-uns d'Alcoy, ont envoyé des draps généralement communs et imparfaitement apprêtés, des flanelles un peu dures, quelques articles de nouveautés d'un goût approprié aux besoins du pays. Le noir domine, et nous avons remarqué quelques pièces d'un beau teint, dit *noir espagnol*, ferme, solide et brillant. Les couleurs vives et tranchantes, parmi lesquelles dominent le rouge et le jaune, sont moins favorables. Ces draps, médiocrement tondus, sont destinés à l'armée. Tous sont excessivement chers.

« On voyait aussi figurer, sous le nom de *bayetas*, des draps communs à long poil, dans le genre de nos grossiers lainages de la Lozère et des Cévennes, mais plus légers et plus chers.

Sur cet article, les Espagnols trouvaient leur industrie en progrès. Elle nous a paru l'être relativement aux autres produits analogues, du
moins en ce qui concerne les prix. Aucune laine
brute ou lavée ne figure à l'exposition (1). Nous
y avons cherché en vain quelques toisons de nature à nous donner une idée de la qualité des
matières premières du drap.

« Barcelone a envoyé divers échantillons de
damassés de laine pour meubles, d'une assez
bonne exécution, mais d'un prix élevé ; quelques
couvertures de bonne apparence, toujours chè-
res comme le reste, et de petit format. Aucun
exposant n'a envoyé de mérinos ni de mousse-
line de laine. La bonneterie manquait absolument, ainsi que les tapis, qu'on ne peut regar-
der comme représentés par quelques pièces
d'écossais et d'imitation de Nîmes.

« Les soies étaient en petit nombre, presque
toutes de la province de Valence, gréges et organsins. Elles nous ont paru assez régulièrement
filées, un peu sèches et rudes, et d'un beau blanc
argenté d'un aspect particulier. Quelques entrepreneurs s'efforcent, depuis cinq ou six ans,
d'introduire les méthodes si noblement encou-
ragées en France par le département du com-

(1) Il n'y en avait pas davantage aux expositions précédentes,
sauf quelques échantillons de laines lavées envoyés de Séville.

merce ; et ils sont parvenus à des résultats déjà très-brillants, ainsi que Votre Excellence pourra en juger par la suite de ce rapport.

« Les soieries étaient représentées par plusieurs exposants de Valence et de Barcelone. Les velours sont minces et légers, mais d'une assez belle nuance. Deux pièces, l'une bleue, l'autre grenat, bien teintes et d'un bel effet, se faisaient surtout remarquer. Quelques foulards grossièrement imprimés, peu dignes du voisinage des soieries de Valence, avaient été envoyés par Saragosse. Les damas de soie, très-chers, manquaient d'éclat et de dessin. Il faut en dire autant des ornements d'église, autrefois si admirablement confectionnés en Espagne, et dont quelques vestiaires de cathédrales renferment encore des restes magnifiques. Ceux qui ont été exposés cette année faisaient trop bien comprendre que le clergé espagnol est singulièrement déchu de son ancienne splendeur.

« Les soieries les plus remarquables de l'exposition, à notre sens, sont les châles crêpes de Chine à couleurs vives, et les blondes ou dentelles noires, en soie dure, pour robes, châles, écharpes et mantilles, à point carré, qui constituent un des articles les plus importants de la fabrication espagnole, et qui sont si recherchés, même en France. Quelques tardifs exposants ont envoyé des peluches pour la chapellerie.

Nous les avons trouvées assez mal tondues, et toutefois d'un prix élevé. Il n'y avait ni gants, ni mitaines, ni bas, ni bonneterie de soie.

« L'industrie du coton, presque entièrement concentrée dans la Catalogne, se composait à l'exposition de fils de divers numéros, de toiles blanches dites *calicots* ou *percales,* de couvertures ouvrées, et surtout d'impressions sur indiennes pour meubles. Les numéros de la filature qui nous ont paru les plus authentiques ne dépassent pas 3o ou 4o; les autres sont anglais.

« Les calicots n'ont de remarquable que l'élévation de leur prix; les couvertures sont fort ordinaires et de couleurs assez ternes; les impressions seules, principalement celles pour meubles, méritent l'attention par l'éclat des couleurs et par la netteté des dessins, d'ailleurs fort simples, et destinés à la consommation courante.

« Barcelone nous a semblé exceller davantage dans quelques essais de tissus de fil pour toiles à matelas, et dans les tissus mélangés de fil, soie et coton, en proportions diverses. En somme, et quoique l'industrie de cette ville importante et de la province dont elle est la capitale ait fait des progrès sensibles, nous avons peine à concevoir son opposition obstinée à toute réforme de tarifs. Les prix de la plupart des articles de sa fabrication sont encore tellement au-dessus de çeux de France et d'Angleterre, qu'il est peu probable que de longtemps encore la Catalogne parvienne à lutter contre ces grands foyers de production; et, dans ce cas, le maintien des hauts tarifs et des prohibitions ne sera qu'une prime à la contrebande, sans être un encouragement pour les manufacturiers.

« La ville de Grenade a cherché à imiter les tissus de Roubaix; et, quoiqu'elle n'ait envoyé que de simples cartes d'échantillons, la variété des dessins et des combinaisons, ainsi que le prix modéré des articles, dû à l'exiguïté du taux des salaires dans certaines parties de l'Andalousie, appelaient généralement l'attention.

« Des efforts hardis et ingénieux ont été faits depuis peu de temps en Espagne, pour y naturaliser le tissage des toiles de fil et la fabrication du linge damassé. Les manufacturiers qui poursuivent la solution de ce problème tirent leurs fils de l'Angleterre, et les font tisser à la main dans la Manche et les Asturies. Une dame espagnole a fait un pas de plus : elle vient d'établir à Avilès une fabrique de tissage mécanique, dont les produits très-variés ont mérité l'estime des connaisseurs par leur bonne confection, leur solidité et leur bon marché relatif. Madame veuve Laurens dirige elle-même ses ateliers avec une intelligence parfaite de tous les procédés et de toutes les conditions de l'industrie. L'Espagne n'aurait bientôt plus à vaincre que les obstacles généraux de sa situation industrielle, si elle comptait un grand nombre de fabricants aussi éclairés que la directrice de l'usine d'Avilès.

« Quelques cordes et câbles pour la marine, quelques bons échantillons de toiles à voile, complétaient l'exposition des articles de fil, auxquels il convient d'ajouter un essai de toiles, imitation de cretonne, d'un travail assez inégal, mais distingué. Point de dentelles de fil, point de batistes ; seulement, à la place de ces dernières, nous avons vu exposés, sous le nom de *nipis*, plusieurs mouchoirs brodés à la main sur une espèce de batiste en fil végétal très-fin, provenant des îles Philippines, élastique comme de la crinoline ou de la gaze à bluter, et rangé, en raison de son prix, parmi les objets de pure curiosité.

« Les papiers peints occupaient en grand nombre une bonne partie de la principale travée de l'exposition. Le siége de cette industrie est à Madrid, où, ainsi que nous l'avons déjà dit, la main-d'œuvre est très-chère, et la fabrication des papiers peints devait s'en ressentir. Les prix en sont trois ou quatre fois plus élevés qu'en France, les couleurs ternes, les dessins vulgaires et sans goût : nous y avons vu des veloutés à une ou deux couleurs, entièrement dépourvus d'élégance, et cotés de 14 à 15 fr. le rouleau. Ce prix exorbitant est en partie attribué à la cherté du papier sans fin, dont il y avait à l'exposition quelques pièces considérables. Les papiers à écrire et à dessiner étaient généralement d'un blanc jaunâtre, assez forts, surtout ceux à la main, mais toujours chers. Ils viennent d'Alcoy et d'Igualada.

« Ce qui nous a paru distinguer d'une manière plus frappante l'exposition de Madrid, c'est l'abondance des cuirs préparés, des peaux maroquinées, et des peaux de chevreau pour gants. Il est facile de voir que cette industrie a ici de profondes racines, et qu'elle est en voie de progrès très-marqué. Les cuirs ont du nerf, de la souplesse, de la qualité; ils sont d'un grain uni et serré, élastiques, sains, et ils offrent toutes les apparences d'une excellente fabrication. Les maroquins ne présentent pas de couleurs aussi vives, surtout dans les tons rouges, que ceux de Choisy-le-Roi; mais ils sont aussi souples et d'un aspect très-agréable à l'œil. Les peaux de chevreau sont d'une douceur et d'une finesse incomparables. On les fabrique par millions, et il serait à désirer que nos gantiers pussent s'en approvisionner ici (1), de manière à réunir le mérite d'exécution qui les distingue à la perfection de la matière employée. La France ne possède rien

(1) Nous avons importé d'Espagne, en 1843, 22,750 kilogr. de peaux de chevreau brutes, représentant une valeur officielle de 77,350 fr.

de plus beau que les chamoiseries espagnoles, les castors pour ganterie et gaînerie, et les nombreuses ressources de buffleterie qui abondent en Espagne. On admirait surtout une peau de cerf préparée avec un art infini, véritable chef-d'œuvre de fabrication.

« La verrerie est demeurée en retard. Ce qu'elle avait exposé de plus remarquable venait de la fabrique royale de Saint-Ildefonse, aujourd'hui affermée à un simple particulier. C'étaient des manchons de gros calibre, quelques demi-glaces faibles et striées, et quelques essais de verres ou cristaux colorés, dignes tout au plus des premiers temps de l'art. Les objets d'un usage habituel, comme verres à boire, carafes, plateaux, presque tous de forme lourde et disgracieuse, ne méritaient pas les honneurs de l'exposition. L'eau en est terne et opaque; les ornements en sont prétentieux et de mauvais goût.

« Les faïences et porcelaines faisaient défaut. Un seul manufacturier de Valence a exposé des carreaux vernis, semblables à ceux qui décorent l'intérieur des habitations à Alger, et qui forment des espèces de frises à la hauteur de chaque étage; c'est de la terre cuite émaillée. Madrid possède pourtant une fabrique de faïence à 2 kilomètres de ses murs, mais elle ne travaille pas plus que la célèbre manufacture de tapis de la porte de Bilbao. L'industrie souffrira long-

temps en Espagne des loisirs que l'excès de protection, sous toutes les formes, lui a faits depuis
cinquante ans.

« Une société française établie à Madrid, sous
la raison *Berthe et Cie* , a exposé de la bougie de
l'Étoile et d'autres produits stéariques. Ces articles sont bien fabriqués, et pénètrent chaque
jour davantage dans la consommation, malgré
les habitudes économiques du peuple espagnol.
Nous avons vu quelques échantillons de sel de
cuivre et de fer, de minium, de cinabre, de sal-
pêtre, de soufre raffiné; mais point de sels vé-
gétaux; nulle matière tinctoriale, ni jaunes de
chrome, ni verts de Schweinfurt, ni prussiates
de potasse, ni bleus de Prusse. Évidemment cette
courte nomenclature n'est pas l'expression fidèle
de l'état des arts chimiques chez un peuple qui
possède les plus riches mines de plomb, de mer-
cure, de fer, et même d'argent, du continent mé-
ridional de l'Europe. Sous ce rapport, comme
sous beaucoup d'autres, l'Espagne vaut mieux
que sa réputation, et la réalité que l'apparence.
Nous en avons la preuve dans la partie de l'exposition relative aux arts métallurgiques. Ce n'est
pas sur quelques barres de fer battu, sur quelques saumons de plomb et deux lingots d'argent
qu'il est permis de juger les grandes usines de
M. Hérédia à Malaga, ni le travail du fer dans la

Biscaye, ni l'importance d'Adra. M. Hérédia dis-
pose de plus de 20 millions de francs, et il arme
lui-même les navires qui exportent les produits
de sa fabrication. Les capitalistes de la Catalogne
sont maîtres de leurs usines, sans l'intervention
des financiers. L'Espagne a donc d'immenses éléments de richesse industrielle, et il est à désirer
qu'elle les développe, dans son intérêt comme
dans le nôtre. Nous devons bien plutôt craindre
sa pauvreté que sa richesse. C'est la pauvreté qui
fait les banqueroutes ; c'est la prospérité qui les
répare.

« L'Espagne laisse déjà briller aux yeux de l'observateur attentif l'aurore d'un avenir nouveau.
Lorsque l'on compare son industrie à celle des
peuples plus avancés dans la carrière, et moins
récemment agités qu'elle par le désordre des
révolutions, elle paraît arriérée de plusieurs siècles ; mais quand on la compare à elle-même, et
qu'on analyse avec soin les progrès de détail
qu'elle a faits en toutes choses, il est impossible
de ne pas reconnaître que ses manufactures se
relèvent, et doivent marcher d'un pas régulier
vers le perfectionnement. Le mouvement sera
d'autant plus rapide que l'Espagne profitera sans
doute de toutes les expériences faites en Europe
dans ces derniers temps. Aussi voit-on des chefs
d'usines commencer leurs opérations à l'aide des
meilleures machines, et débuter par où nous

finissons. L'argent abonde, la main-d'œuvre n'est pas fort chère dans les provinces, et déjà de nombreuses exploitations de houille s'élèvent sur plusieurs points du territoire.

« Sous beaucoup de rapports, l'Espagne n'aurait besoin, pour reprendre un rang distingué parmi les nations productives de l'Europe, que de recommencer son passé. Nous avons retrouvé, dans son orfévrerie actuelle, des traces visibles encore de son ancienne renommée. Il y avait à l'exposition une aiguière en argent repoussé, qui rappelait les beaux jours de la *plateria* de Martinez. Quelques essais moins heureux d'orfévrerie doublée, et d'imitations de dorure et argenture d'après les procédés Ruolz et Elkington, attestaient du moins que les fabricants espagnols suivent le mouvement des arts en Europe. La ciselure, autrefois si avancée parmi eux, compte encore plusieurs fabricants fidèles aux grandes traditions; et nous avons admiré un nécessaire d'armes supérieur à tout ce que l'exposition française de 1844 offrait en ce genre, pour le fini du travail et la richesse des ornements. Un pays qui possède d'aussi ingénieux ouvriers n'a pas perdu le feu sacré des arts, et doit reconquérir bientôt sa place industrielle dans le monde.

« L'horlogerie n'était point à la hauteur de l'orfévrerie et de la fabrication des armes; cependant le petit nombre d'objets exposés dans ce genre ne manquaient ni de précision ni de délicatesse. Nous avons surtout remarqué une pendule de grand format, d'anciennes horloges à secondes, pour salle à manger, supérieurement travaillées.

« L'exposition contenait dix-neuf pianos droits, longs ou carrés, tous confectionnés d'après le système anglais, mais généralement médiocres et fort chers. Il suffit de dire que de petits pianos droits, très-ordinaires, étaient cotés 1,000 fr., 1,200 fr., et même 2,000 fr. On parlait de 4 ou 5,000 fr. pour de simples pianos carrés, sans ornements, dont les basses sourdes et voilées, et les sons hauts, secs et criards, n'annonçaient pas une exécution distinguée. Un seul piano à queue, en bois de palissandre, avec ornements sculptés en bois doré, paraissait avoir été fabriqué pour la circonstance, et ne coûtait pas moins de 7,000 fr. Le facteur espagnol qui en est l'auteur est un élève des maîtres de Paris du second ordre. Du reste, tous les fabricants vantaient beaucoup leurs œuvres, et ne paraissaient pas effrayés de la supériorité des facteurs français et anglais.

« Les guitares devaient nécessairement figurer avec honneur dans une exposition espagnole. Il y en avait neuf ou dix, dont une de forme bizarre, et quelques instruments de cuivre fort bien exécutés. Nous avons vu aussi deux ou trois flûtes de Boëhm et un violon imité des vieux Stradivarius, plus curieux à voir qu'agréable à entendre.

« La reliure, plus solide qu'élégante, nous a paru en voie de progrès. Chacun sait que jusqu'à ce jour les livres espagnols étaient reliés lourdement, sans grâce, avec de gros cartons mal pressés, et le plus souvent en grossière basane. Il y avait, à l'exposition, des atlas, des livres de prières, des ouvrages volumineux, reliés avec un art tout à fait nouveau, et digne des progrès que nous avons signalés dans l'industrie des peaux. Quelques rares lithographies témoignaient également des heureuses dispositions qui animent l'industrie espagnole.

« L'imprimerie n'a rien exposé ; la gravure non plus. L'ébénisterie, assez avancée à Madrid, surtout en ce qui concerne la sculpture et la dorure sur bois, n'était représentée que par quelques meubles de peu de valeur, et semblait ne pas exister ; mais cette absence ne prouve que l'indifférence et non l'insuffisance des fabricants. On voit dans presque toutes les habitations de Madrid des meubles qui attestent, principalement chez les doreurs sur bois, une habileté inconnue dans les autres capitales. Il suffit d'ailleurs de parcourir les divers musées d'art, même ceux qui sont consacrés aux objets de guerre, pour retrouver le génie industriel espagnol, et pour admirer sa patience et ses œuvres. Plusieurs plans en relief des places fortes, dont un en bois d'acajou, sont de véritables chefs-d'œuvre d'ébénisterie. Nous pourrions citer un modèle de construction de palais tout en bois, sur 3o centimètres de hauteur, enfoui dans un des musées de Madrid, et qui a coûté aussi cher qu'un palais de pierre ou de briques. Un pays où il se trouve des hommes en état de fabriquer avec tant de perfection de pareilles inutilités, changera bientôt de face dès qu'il aura voué ses efforts au culte de l'utile.

« En somme, monsieur le Ministre, l'exposition de Madrid n'est que l'expression très-incomplète de l'état actuel de l'industrie en Espagne. Il y manquait les lins et les chanvres des Asturies, de la Galice, des provinces basques ; les soies de Murcie, de l'Estramadure, de la Castille, de l'Aragon, et même celles de l'Andalousie ; les laines de l'Espagne entière ; les draps de Ségovie, de Guadalaxara, de Palencia, de Brihuega, et de plusieurs autres villes importantes. Point d'acier, point de coutellerie, point de serrurerie; à peine quelques rares ouvrages de quincaillerie disgracieuse et grossière. Nous supposons que les fabricants espagnols avaient jugé ces modestes produits indignes de figurer dans une exhibition officielle, où ils auraient certainement occupé un rang honorable à côté des toiles métalliques en laiton, et des tuyaux de plomb étirés.

« Toutefois l'exposition actuelle démontre d'une manière visible que l'Espagne est en voie de transition. Nous avons vu avec plaisir que plusieurs riches propriétaires préféraient les nobles occupations de l'industrie aux loisirs stériles d'une vie désœuvrée. La suppression des couvents a fermé à la jeunesse espagnole cette carrière de contemplation, si longtemps funeste aux intérêts du travail. La paix, l'exemple des peuples voisins, la facilité des communications maritimes, hâteront le développement industriel. Partout des sociétés se forment pour exploiter les mines, pour monter des manufactures, organiser des armements commerciaux. Barcelone, Malaga, Valence, Grenade, Séville, sont à la tête du mouvement. De grands ateliers de construction s'organisent dans l'Andalousie. L'agriculture même, d'ordinaire plus lente, semble se réveiller d'un long sommeil. Il y avait à l'exposition des cochenilles fort belles, obtenues sur le territoire continental de l'Espagne, et, comme démonstration, l'insecte vivant sur la feuille qui le nourrit. — Des cultures de cannes ont réussi sur une grande échelle entre Malaga et Motril.

« En conséquence, et pour compléter nos observations, dont les dernières modifieront quelque peu nos premiers jugements, nous nous sommes rendus à Valence, puis en Catalogne, où nous avons étudié avec le plus grand soin l'état de la fabrication. M. Flury, consul de France à Valence, et M. de Lesseps, consul à Barcelone, nous ont prêté le concours le plus empressé et le plus efficace; et, grâce à eux, toutes les portes se sont ouvertes devant nous. Les nombreux et ingénieux fabricants de ces deux provinces, les plus avancées de l'Espagne, flattés d'être l'objet de l'attention spéciale que vous nous aviez chargés de donner à leurs travaux, ont facilité les nôtres avec une bienveillance et une sincérité parfaites.

« Déjà, dans notre long et pénible trajet de Madrid à Valence, au travers des plaines de la Manche, véritable image de celles que nous possédons en Afrique dans la province de Constantine, nous avions pu juger de la différence immense qui existe entre les habitudes et les tendances du centre de l'Espagne et celles du littoral. A mesure qu'on approche de la mer et qu'on descend dans la province de Valence, les champs, jusque-là nus et déserts, se couvrent de plantations d'oliviers, de vignes, de caroubiers, et surtout de mûriers, ceux-ci de grandeur moyenne, très-rapprochés les uns des autres, plantés en ligne et taillés avec un art infini, pour faciliter tout à la fois la pousse et la cueillette des feuilles. Ces arbres sont jeunes, vifs, dépourvus de mousse ; et il est facile de voir, aux jets luxuriants qu'ils ont poussés, quels soins on leur prodigue, et quels riches produits ils doivent donner.

«Votre Excellence sait que la fécondité du territoire de Valence doit son caractère exceptionnel aux admirables irrigations qui datent du temps des Arabes, et dont les traditions se sont fidèlement conservées jusqu'à nos jours.

« Leur vieille législation subsiste encore tout entière dans sa rigide simplicité. Huit grandes prises d'eau établies sur la *Turria* ou *Guadalaviar*, opèrent une première dérivation combinée avec beaucoup d'habileté, et se subdivisent en une foule de canaux aboutissant, par des rigoles parfaitement entretenues, aux propriétés riveraines. La pente douce qui règne depuis le bas de la montagne jusqu'à la mer a permis de distribuer ces eaux toujours courantes avec une grande facilité. Chaque propriétaire en jouit selon l'importance de sa propriété, pendant un temps sévèrement réglé ; et il encourt des amendes infligées par un tribunal dont nous parlerons tout à l'heure, en cas d'infractions aux règles établies. C'est ainsi que la campagne de Valence a mérité le nom de jardin (*huerta*), qui caractérise sans exagération son admirable fécondité. Cette plaine est couverte de prairies irriguées, où l'on obtient jusqu'à huit coupes de luzerne par année ; où des carrés de chanvre, plus beaux que ceux du Dauphiné, donnent des fils remarquables par leur vigueur et leur ténacité. Sous le point de vue agricole, et malgré les livres qui ont été publiés à ce sujet, nous pensons qu'il n'y a pas de pays qui mérite à un plus haut degré l'attention de votre département.

« Le tribunal *des eaux*, qui est chargé du maintien de leur circulation et de leur répartition, se compose de cinq juges ou syndics choisis en assemblée générale des propriétaires, et investis, comme nos tribunaux de commerce, d'un pouvoir spécial. Ces juges se réunissent une fois par semaine à Valence, en *plein air*, à la porte de la cathédrale. On place un simple banc de bois devant eux, et les plaideurs se réunissent devant ce banc. Les causes sont appelées par un greffier *qui n'écrit point*, et plaidées en personne par les parties, qui ont dû consigner à l'avance le maximum de l'amende à laquelle elles peuvent être condamnées. Lorsque la cause est entendue, le jugement est prononcé séance tenante, après une délibération sous le manteau; et l'exécution s'ensuit immédiatement, sans que jamais on entende une plainte.

« Le capitaine général de la province prête main-forte au besoin à ce tribunal sans archives, sans avocats et sans papier timbré, qui rappelle la justice sommaire arabe des *cadis*, et qui ne coûte rien aux plaideurs. Rien de plus curieux que les plaidoiries fines, naïves et parfaitement claires de cette audience hebdomadaire, toute patriarcale, et à laquelle on n'a jamais pu substituer des formes plus régulières et plus en harmonie avec le reste de la législation ; c'est le beau idéal des tribunaux administratifs.

« Le caractère de la campagne de Valence nous faisait naturellement présumer celui de sa fabrication, presque entièrement consacrée aux soieries. Bien qu'il y ait un certain nombre de magnaneries savamment organisées, en général la soie se produit ici d'une façon tout à fait domestique, par petits lots ; et les cocons, presque tous jaunes (les blancs sont fort rares), sont achetés par des courtiers ou des commissionnaires, quand ils ne sont pas apportés directement au filateur par les producteurs eux-mêmes. Leur prix varie de 1 fr. 50 cent. à 1 fr. 75 cent. la livre du pays (de 12 onces), ce qui fait ressortir le prix moyen, nécessairement très-variable, à 4 fr. environ le kilogramme. Ainsi les cocons ont valu cette année, à cause de l'abondance de la récolte, 15 à 20 pour o/o de moins que l'année passée. Plusieurs filateurs en achètent jusqu'à 25,000 ou 30,000 kilogrammes à la fois, et souffrent par moment des pertes considérables, par suite de la nécessité où ils se trouvent de ne faire dévider les cocons qu'en petite quantité ; nécessité qui leur est imposée par les fileuses qui veulent s'as-

surer du travail au moins pour six mois. Pen=
dant ce long espace de temps, qui comprend
l'été tout entier, quelque soin qu'on ait pris
d'étouffer convenablement la chrysalide, une
certaine fermentation s'établit dans le cocon, et
le dénature d'une manière sensible. En vain des
ouvriers remuent-ils jour et nuit sur les claies
ces masses de matière animale; il nous a été
facile de juger, par l'odeur infecte qui s'en exhale
(et nous ne sommes qu'au commencement de la
récolte), que cette longue fermentation devait
avoir de très-fâcheuses conséquences. Plusieurs
filateurs nous ont assuré avoir perdu ainsi des
sommes considérables. D'autres affirment qu'il
se forme quelquefois dans la chrysalide elle-
même un petit insecte microscopique qui perce
le cocon d'une manière invisible, mais funeste
à la soie. Les filateurs de Valence éprouveraient
ainsi, par cette fermentation forcée du cocon, le
même dommage qui résulte pour l'huile de la
fermentation des olives.

« Quoi qu'il en soit, monsieur le Ministre,
cette belle industrie fait ici tous les jours des
progrès remarquables. La production de la soie
s'accroît à vue d'œil. Nous aurions vivement
désiré vous en offrir la statistique exacte et fidèle; mais l'administration, distraite par des
soins plus pressants, ne possède aucun document *actuel* sur la quantité de soies produite

dans la province ; et les carnets des courtiers de la bourse de Valence, par le ministère desquels se font la plupart des ventes, ne donneraient qu'une idée incomplète de ce commerce important. Nous n'avons pu juger de l'accroissement de la production des soies que par celui de la fabrication des *soieries*, dont les métiers se multiplient avec une rapidité tout à fait digne d'attention. Beaucoup de Français sont venus s'établir dans le pays, soit comme directeurs, soit comme contre-maîtres ; des fileuses arrivent chaque jour de France et d'Italie, et trouvent ici des salaires assez élevés, dont le minimum est de 1 fr. 25 cent. par jour, et le maximum de plus de 2 fr.

« Le commerce des soies gréges et des organsins se fait en grande partie à la bourse de Valence, l'un des plus beaux monuments de cette ville, et par le ministère de courtiers assujettis à un cautionnement. Les producteurs de la campagne apportent eux-mêmes leurs *flottes*, et encombrent la bourse, où tous sont admis, hommes, femmes et enfants, la plupart nu-pieds, et dans le costume fort léger de leur profession. Point de *condition* des soies, comme à Lyon. Tout acheteur achète de confiance, *et il faut s'y connaître*, comme nous le disait un négociant, qui d'ailleurs s'y connaissait bien.

« La plupart des hommes qui se livrent, à Valence, à l'industrie de la soie, sont tout à la fois filateurs, fabricants et marchands. Le même établissement renferme souvent, sous la même clef, le cocon brut, les ateliers de filature, de moulinage, de teinture et de fabrication. En fait de matières premières, les soies blanches manquent généralement; et nous ne nous sommes expliqué cette absence, au besoin facilement réparable, que par l'habitude où sont les Espagnols de ne consommer que des soieries de couleur. Or, les soies blanches étant surtout employées pour les tissus blancs ou de couleurs tendres et claires, leur sont moins nécessaires; et ils ne les produisent pas, quoique nous en ayons vu quelques échantillons obtenus sur des cocons triés. Ces soies blanches étaient toutefois d'un blanc terne et peu agréable.

« En ce qui concerne la filature et le moulinage, la province de Valence, bien qu'asservie encore aux anciennes coutumes, n'en essaye pas moins d'introduire les méthodes plus avancées du midi de la France; et nous avons visité deux fabriques, dirigées par des contre-maîtres français de l'Ardèche, qui nous ont paru à la hauteur des progrès signalés à la dernière exposition parisienne. La teinture est beaucoup moins en progrès, et nous devons dire qu'en général elle est fort inférieure à la nôtre dans toutes les nuances, sauf peut-être le noir, où les Espagnols ont acquis une grande expérience.

« Mais ce qui a le plus excité notre attention, nous pourrions dire notre surprise, ce sont les progrès de la fabrication des étoffes de soie de tout genre, principalement les satins unis et brochés, les velours pour gilets, et les étoffes légères pour robes. Les Espagnols réussissent moins heureusement dans les taffetas et les gros de Naples ; mais leurs étoffes à cravates et à gilets, dont il se fait ici une consommation considérable, laissent peu à désirer, si ce n'est pour le goût, lequel d'ailleurs, pour n'être pas aussi pur que le nôtre, n'en répond pas moins aux besoins des consommateurs. Les femmes espagnoles aiment les couleurs vives et tranchantes, les étoffes à grandes raies, à grands carreaux, à ramages brillants et heurtés, ou les tissus noirs. Le soleil de ce pays, et la poussière des promenades publiques, auraient bientôt terni des étoffes de couleurs douces et délicates, commes les bleus clairs, les roses pâles, et les nuances si tendres et si variées qui composent le répertoire de Lyon, et qui font partie de la consommation riche et brillante de Paris. Aussi le marché français n'a-t-il rien à craindre, sous ce rapport, de la concurrence espagnole ; mais le bas prix des cocons dans ce pays, le peu de cherté des loyers et de la nourriture, la simplicité des métiers, presque tous construits en sapin, et la sérénité des jours, contribuent à un abaissement de prix assez notable dans les étoffes courantes. Les échantillons que nous avons l'honneur d'adresser à Votre Excellence lui permettront de juger, mieux que toute autre explication, l'état véritable des choses. Nous avons fait couper ces échantillons sur les pièces mêmes; nous en avons constaté l'origine, le prix de vente réel; et il en résulte évidemment la preuve d'un progrès immense, surtout quand on compare ces prix et ces qualités aux prix et aux qualités des étoffes analogues produites par les Espagnols il y a quelques années.

« Les dentelles de soie espagnole sont de deux espèces : celles à points carrés, qui se font dans quelques villages de la Manche, et dont le siége de fabrication principal est à Almagro, et les tulles de soie unis ou façonnés, qui répondent à nos anciennes blondes de soie, aujourd'hui à peu près abandonnées en France. Le point de celles-ci est semblable au point ordinaire du tulle de coton, et se fait à Valence sur des métiers anglais très-chers et très-compliqués, mais d'une manœuvre sûre et facile. Cette fabrication est en fort grand progrès; et nous en avons suivi tous les détails dans plusieurs usines, jusques et y compris les apprêts, qui n'ont pas moins gagné que le reste. La bonneterie de soie, généralement légère et très-inférieure à la nôtre, est une industrie toute domestique, et bornée au marché national.

« Les fabricants de Valence ont essayé depuis quelque temps de se livrer au travail des crêpes de Chine, et ils confectionnent aussi des châles de satin façonnés, à dessins brillants ou bizarres, et à franges très-hautes, qui ne manquent ni de finesse, ni d'égalité, ni d'éclat. Nous n'avons pas vu de rubans : personne n'a sérieusement tenté d'organiser ici une concurrence à Saint-Étienne et à Saint-Chamond, nos deux cités sans rivales. Les foulards réussiraient mieux ; mais ce genre de tissus, malgré la grande consommation qui s'en fait en Espagne, paraît surtout provenir de la contrebande, sur laquelle nous aurons l'honneur de donner quelques détails sommaires à Votre Excellence, et que nous avons étudié avec soin, car elle est une des industries les plus importantes de ce pays.

« En résumé, monsieur le Ministre, l'industrie des soieries à Valence est en progrès manifeste et rapide. Ces progrès se font surtout remarquer dans certaines parties de la filature, dans les tissus de satin, de velours, et dans les étoffes de fantaisie. Quelques damas de soie, pour meubles, nous ont aussi paru fort beaux, et nous avons l'honneur de vous en expédier des échantillons ; mais ces produits sont encore d'un prix assez élevé. Tout ce qui se fait par le métier à la Jacquart se fait bien ; nous avons même trouvé à l'exposition de Madrid des dessins copiés par le procédé de M. Maisiat, à l'aide du tissage, et parfaitement exécutés. Chaque jour, de nouvelles fabriques s'établissent. Plusieurs couvents ont été transformés en filatures de soie. Nous citerons particulièrement le couvent de Jésus, aux portes de Valence, qui appartient à un Français, et qui achève de se monter dans des proportions considérables.

« En sortant de la province de Valence, nous ne pouvions mieux compléter nos informations qu'en étudiant l'industrie catalane au foyer principal de son développement, à Barcelone. Nous laissions, sans doute, derrière nous un autre foyer naissant, l'Andalousie, et les belles usines de M. Hérédia, le premier manufacturier peut-être de l'Espagne, et l'un des plus distingués de l'Europe ; mais outre l'espoir que nous conservons de faire bientôt le voyage de Malaga, nous avons sur les usines de l'Andalousie des renseignements très-précis, qui nous semblent dignes de toute confiance, et dont nous aurons l'honneur de vous offrir le résumé. Ces usines sont presque toutes métallurgiques et spéciales : un supplément ajouté à ce rapport suffira pour en faire apprécier l'importance.

« L'industrie catalane, monsieur le Ministre,
se compose aujourd'hui de quatre grandes branches principales : la fabrication des machines,
celles des tissus de soie, de laine et de coton. Le
siége des établissements les plus importants est
à Barcelone, ou dans les environs. La plupart
d'entre eux sont montés sur une grande échelle,
et à l'aide de capitaux considérables qui ont
permis aux entrepreneurs de procéder hardi-
ment, et d'emprunter aux pays plus avancés leurs
machines les plus parfaites et les plus coûteuses.
Plusieurs de ces manufactures ont un caractère
monumental qui leur donne une certaine res-
semblance avec les plus belles fabriques de l'Angleterre; et, en effet, elles ont été organisées
par des ingénieurs anglais. Les deux grandes
fonderies ou ateliers de construction de machines que nous avons visitées à Barcelone, particulièrement celle de M. Valentin Esparo, existent
depuis peu d'années, et possèdent déjà un outillage considérable, une belle machine à forer,
anglaise; une machine à raboter, française; une
machine à cylindres; et l'on y peut fabriquer
des machines à vapeur de la force de quatre-
vingts chevaux.

« La fonderie de M. Esparo tire ses sables du
mont Juich, qui domine la ville; son charbon et
ses fontes lui viennent de l'Angleterre : mais cette
position, tout à fait dépendante, est encore ag-

gravée par les droits exagérés qui pèsent sur les fontes et les houilles. Ces droits pour la houille sont de 3 réaux (75 c.) par quintal, et par conséquent égaux au tiers de la valeur du charbon de terre rendu à l'usine. Pour la fonte, le droit agit d'une manière plus gênante encore; et il est facile de prévoir ce que deviendraient de tels établissements en cas de guerre maritime, si les deux matières premières qui leur donnent la vie venaient à leur manquer.

« Dans l'état actuel, ces ateliers de construction sont consacrés en majeure partie à la fourniture des machines à filer et à tisser, qui sont de plus en plus demandées à Barcelone et dans la banlieue. Nous avons vu un grand nombre de *mull jennies* et de *continues* aussi bien exécutées que dans nos meilleurs ateliers. La multitude innombrable de modèles en bois réunis dans une des salles de la fonderie de M. Esparo, prouve suffisamment la variété des pièces sorties de ce bel établissement, où, lors de notre visite, un atelier entier de menuisiers confectionnait de nouveaux modèles, tous très-remarquables par la netteté et la précision. Les cours étaient encombrées de tuyaux pour la conduite des eaux, pour celle du gaz; de colonnes en fonte pour la décoration des édifices, de roues dentées, de volants, de grillages pour balcons, et d'une infinité de pièces de moulage comparables à celles qui se font en France et en Angleterre. L'ordre le plus imposant règne dans ces usines, dont les ouvriers nous ont paru vifs, intelligents, et d'une excellente tenue. Les salaires des mécaniciens varient entre 5 et 3 fr. par jour.

« Barcelone possède aussi, soit dans ses murs, soit au dehors, plusieurs établissements d'impressions sur étoffes de coton, dont les rouleaux viennent de France pour les dessins compliqués, et sont gravés à Barcelone même pour les dessins plus simples. Nous avons visité les deux principales fabriques de ce genre, dont l'une est dirigée avec habileté par un Français, M. Achon. Les tissus en sont un peu moins grossiers et d'un fil très-inégal, très-boutonneux; mais ces calicots, fabriqués avec des fils filés sur les lieux, suffisent aux besoins de la consommation. Ils ne vaudraient pas en France plus de 5o cent. le mètre; les couleurs qu'on y applique ne peuvent pas, en raison de cette médiocrité du tissu, être de qualité supérieure; mais elles semblent solides, et produiraient plus d'effet, si les apprêts étaient faits avec plus de soin et de délicatesse. Cette partie du travail laisse beaucoup à désirer. Personne n'a encore entrepris d'imprimer sur les tissus plus fins, sur des percales et sur des mousselines : ces étoffes peintes n'obtiendraient pas faveur sur le marché. Ici, dès qu'une femme s'élève au-dessus de la condition populaire, elle dédaigne le coton, et recherche de préférence les étoffes de soie.

« Aussi les filatures se sont-elles bornées jusqu'à ce jour aux numéros les plus modestes ; et quoique plusieurs établissements fussent en mesure de filer jusqu'au n° 80, presque tous se sont arrêtés au n° 40, l'un des plus demandés, et des plus appropriés au goût des consommateurs. C'est dans cette limite que travaille l'usine de M. Guell, à Sanz, et celle de M. Puig Martin, à Gracia, près de Barcelone, toutes deux très-récentes, et fondées sur de vastes proportions. Elles présentent un aspect magnifique, et tout y a été admirablement combiné pour l'ordre, la salubrité, la commodité et l'économie. Rien de plus simple, de plus sévère et de mieux ordonné. Les chefs de ces beaux établissements, dont les métiers sont mus par la vapeur, ont choisi en France et en Angleterre ce qu'ils ont trouvé de plus avancé, et ils ont profité de toutes les découvertes qui ont coûté tant d'efforts à leurs prédécesseurs dans la carrière.

« Nous avons particulièrement remarqué une salle armée de cinquante tambours à carder, rangés sur une seule ligne, de l'aspect le plus imposant. Mais la difficulté de réunir un nombre suffisant d'ouvrières exercées pour cette fabrication, dont la croissance est véritablement fébrile, exposera quelque temps encore les manufacturiers à produire des filés inégaux, rudes et secs, en raison du peu de soins apportés au nettoyage du coton. Le tissage emploie sur place les produits de la filature, et les métiers mécaniques commencent à paraître par milliers. Les ouvrières gagnent de 75 cent. à 1 fr. 25 cent. par jour, et travaillent de cinq heures du matin à sept heures du soir, avec un double repos d'une demi-heure, ce qui donne treize heures par jour. Nous avons assisté à leur repas, qu'elles prennent dans les escaliers, dans les cours, et qui consiste en un morceau de pain, avec quelques fruits, quelques oranges, des oignons, des radis (1). Le pain qu'elles mangent est très-inférieur à celui que nous avons vu distribuer dans le pénitencier de Valence à des détenus pour crimes, condamnés aux travaux forcés.

« La filature de laine acquiert ici chaque jour de nouveaux développements. Celle de laine cardée n'offre rien de particulier ; et Votre Excellence pourra juger de son importance et de ses résultats par les échantillons de draps que nous avons l'honneur de lui adresser, et qui ont été soigneusement recueillis par M. Sallandrouze, l'un de nous, sur les pièces mêmes envoyées de Catalogne à l'exposition de Madrid. Les fabricants de Barcelone accordent depuis quelque temps une attention spéciale à la laine pei-

(1) L'hiver, elles mangent des grenades, des figues sèches, des olives.

gnée, et nous y avons vu une filature de ce genre établie sur de très-bonnes bases, et avec les machines les plus avancées. On y remarquait des laveuses cylindriques de Collier, une dizaine de peigneuses du même, et un assortiment complet de peigneuses circulaires anglaises, d'invention fort récente, de forme horizontale, et de la plus parfaite exécution. Elles étaient au nombre de quatre, et n'avaient pas coûté moins de 32,000 fr. Les filateurs travaillent en ce moment pour la passementerie et pour la fabrication des étoffes rases, encore peu avancées, et qui souffrent, par la contrebande, de l'excès de protection dont elles jouissent.

« C'est ici le moment, monsieur le Ministre, de faire connaître à Votre Excellence quelques-uns des faits de ce genre, qui se lient naturellement au rapide exposé des progrès de l'industrie catalane.

« La contrebande est organisée en Catalogne sur un pied régulier et formidable. Elle s'exerce de préférence sur les articles les plus protégés, et le tarif moyen des assurances n'excède pas 30 pour cent de leur valeur. Les mérinos, les mousselines de laine, les impressions de Rouen et de Mulhouse, les draps légers de Belgique et du midi de la France, les batistes, les mouchoirs imprimés, les peluches de soie pour la chapellerie, et généralement tous les articles de soieries, sont ceux sur lesquels la contrebande opère avec le plus de succès. Elle a des agents sur notre frontière, et des dépôts considérables dans quelques villages des Pyrénées. Elle en a d'autres en Espagne, correspondants des premiers, et sur qui reposent toutes les chances des expéditions. Les marchandises y sont ordinairement divisées par balles de 3o kilogrammes, charge habituelle d'un homme, et lancées, à la faveur de la nuit, par des détachements de huit contrebandiers, qui évitent les sentiers battus et les lieux habités, qui couchent dans les bois, et qui trouvent asile au besoin dans des maisons isolées. Ces hommes arrivent ainsi au travers des plus grands dangers dans les environs de Barcelone, ville fermée ; et ils remettent leur charge à d'autres entrepreneurs, accoutumés à s'ingénier pour tromper la surveillance exercée aux portes par les agents de la douane.

« Nous avons assisté, monsieur le Ministre, au dernier acte, fort pacifique d'ailleurs, d'une de ces opérations ; et nous avons vu ouvrir ces colis aventureux tout pleins des articles de Mulhouse, de Saint-Quentin, de Lyon, de Rouen. Plusieurs pièces avaient un peu souffert dans leur pliage, par suite des agitations de la route et des emballages divers qu'elles avaient dû subir. Mais la contrebande a ses ateliers de restauration qui rend le lustre aux apprêts, leurs formes premières aux ballots ; et dans quelques heures tout était réparé, distribué et payé. L'un des entrepreneurs de cette industrie *interlope* fait à lui seul pour 800,000 fr. d'affaires par année, et il nous a assuré avoir éprouvé peu de sinistres.

« Il est difficile de calculer d'une manière certaine à quelle somme totale peut s'élever l'importance de la contrebande qui se fait en Espagne sur toutes les frontières de terre et de mer. Ce qui est incontestable, c'est que cette contrebande est énorme, si nous en jugeons d'après ce que nous avons vu. Si de pareils détails étaient plus dignes de la gravité d'un rapport soumis à Votre Excellence, nous pourrions lui en donner d'assez significatifs pour ne lui laisser aucun doute à cet égard : ce que nous en voulons conclure, c'est qu'un tel état de choses constitue pour l'industrie espagnole renaissante une situation précaire et dangereuse, à moins qu'elle ne parvienne en peu de temps à triompher de la concurrence étrangère à l'aide de la prime de 3o pour cent, qui est sa seule et réelle protection en ce moment, puisque tel est le taux des assurances de contrebande. Il n'est pas douteux même que ce soit aux progrès qu'elle fait tous les jours que l'industrie espagnole doive de pouvoir résister aux attaques incessantes de la fraude ; et cette circonstance est une preuve de sa vigueur native et des chances prospères qui lui sont réservées. Nous sommes convaincus que si la contrebande qui s'exerce sur les marchandises fabriquées pouvait s'attaquer avec le même succès aux matières premières, telles que la fonte et la houille, et les fournir à de meilleures conditions que celles qu'imposent aujourd'hui les tarifs de douanes, l'élan serait assez rapide pour élever bientôt l'Espagne à un rang distingué parmi les peuples manufacturiers ; mais ce que la contrebande ne peut faire, le gouvernement espagnol peut l'accomplir dès que l'état de ses finances lui permettra de remédier aux vices de sa constitution fiscale.

« Ce qui fait l'infériorité industrielle relative des Espagnols en ce moment, c'est d'abord l'état encore peu rassis des esprits, les pertes éprouvées pendant la guerre, le mauvais entretien ou l'absence des communications, et l'exagération des tarifs. A mesure que la paix se consolidera, et avec elle la sécurité, on verra disparaître cette première et peut-être principale cause de l'ancien état stationnaire ; il dépend des Espagnols eux-mêmes d'atténuer la plus influente après celle-là, la contrebande : un simple abaissement de tarif suffirait. Dès que les fabricants obtiendront à bon marché les matières premières, ils seront moins fondés à exiger ces prohibitions aveugles qui tournent contre eux-mêmes ; et il n'y aura presque plus de chances pour la con-

trebande, quand ses profits seront hors de proportion avec ses dangers. Il y a lieu de penser
toutefois que ces simples vérités ne prévaudront
pas de longtemps en Catalogne. Les fabricants
de ce pays, comme beaucoup de ceux du nôtre,
croient leur existence attachée au maintien des
taxes élevées et des prohibitions. Ils ont paralysé jusqu'à ce jour, à l'aide de commissions
fortes et énergiques, tous les essais tentés par
le gouvernement espagnol pour entrer dans une
voie plus libérale. Ils se sont fait bombarder
plutôt que de consentir à un traité avec l'Angleterre, qu'ils savaient être dans les vues du
régent. Ils ne considèrent pas assez qu'en présence des progrès réalisés dans tous les pays
industriels de l'Europe, et avec la faculté qu'ils
ont de se les approprier sans avoir eu à supporter les frais de tant d'années d'expériences,
ils sont moins fondés que personne à éterniser
une protection dont ils n'ont pas le même besoin que leurs prédécesseurs.

« Ce qui mérite surtout notre attention, c'est
la rare aptitude de ce peuple à se plier aux nécessités du travail manufacturier. Leurs ouvriers
sont intelligents, vifs, prompts à saisir, extrê-
mement sobres, et très-adroits dans toutes les
opérations manuelles. Nous n'hésitons pas à af-
firmer que les ouvrières l'emportent ici sur les
nôtres et sur celles de l'Angleterre dans tout ce

qui exige du discernement et de la vivacité. Elles n'ont point, même dans les filatures, où règnent des températures élevées, cet air maladif et étiolé qui afflige si souvent les regards de l'observateur en France et en Angleterre. Nous n'avons pas vécu assez longtemps ici pour savoir si leurs mœurs valent mieux : on le dit ; nous aimons à le croire, s'il est permis de juger des mœurs par la santé. Les ouvriers ne s'enivrent jamais. Ils sont en général très-disciplinés, et plus faciles à gouverner, à ce qu'on assure, que les femmes. Ils sont aussi beaucoup plus instruits, surtout à Barcelone ; et, à ce sujet, nous devons vous dire un mot, monsieur le Ministre, sur un admirable et rare établissement qui existe dans cette capitale, et qui nous semble appelé à exercer une grande influence sur l'avenir de l'industrie de toute la province.

« Il existe à la bourse de Barcelone, dans une dépendance du palais qu'elle occupe, un vaste enseignement industriel, supérieur, à quelques égards, à celui du Conservatoire des arts et métiers de Paris, principalement sous le rapport des arts du dessin. Il nous suffit de dire que, chaque jour, *quinze cents* élèves reçoivent des leçons gratuites de dessin, de peinture, de sculpture, de dessin de fleurs et d'ornements, et de moulage, dans de vastes salles séparées, splendidement éclairées par le gaz (un bec pour deux personnes), et garnies de modèles avec une profusion extraordinaire. On fournit au premier venu les crayons, le papier, les instruments nécessaires pour dessiner *gratuitement*, et cependant sans désordre ni prodigalité. Nous avons vu les ouvrages présentés au concours de fin d'année, dessins de tête, académies, fleurs dessinées, fleurs peintes, ornements de toute espèce, et on les comptait par centaines : rien de plus remarquable et de plus digne d'une grande cité. Barcelone envoie, comme Paris, ses lauréats à Rome, et se montre, par son goût libéral et éclairé pour les arts, à la hauteur du pays qui a vu naître les Ribera et les Murillo, ces grands génies de la peinture, peut-être plus admirables que les maîtres immortels de l'école italienne. Votre Excellence appréciera facilement l'influence qu'un tel établissement est appelé à exercer sur l'avenir de l'industrie catalane.

« Nous avons été frappés également de cette circonstance, que, pendant les troubles de la Catalogne, et à la suite d'un bombardement dont tous les monuments publics et privés portent encore les traces, il n'y ait pas eu dans Barcelone un seul protêt, une seule suspension de payement. C'est un fait d'autant plus digne d'attention, que la plupart des affaires de ce pays se traitent habituellement d'une manière qu'on pourrait appeler *patriarcale*. Les marchandises sont livrées avec une simple facture, quelquefois même sans facture, et sur une simple inscription dans les livres du vendeur ; l'acheteur paye comptant, s'il lui plaît, ou à trois mois, ou toute la somme due ou simplement une partie, sans qu'il s'élève souvent des contestations sérieuses sur les conditions et sur le payement. Il y a donc ici des habitudes d'honneur et d'exactitude qui assureraient un grand développement au crédit, s'il était constitué sur des bases plus larges et plus régulières. Cette bonne fortune ne manquera pas non plus à la Catalogne ; et nous avons l'honneur de vous remettre, monsieur le Ministre, les statuts de la nouvelle banque qui vient de se fonder à Barcelone (1), et qui ont été sanctionnés par le gouvernement. Quoique ces statuts laissent peut-être, selon nous, une trop grande latitude aux administrateurs de la banque pour les émissions de billets, il y a lieu de penser que leur vieille expérience fera un sage emploi d'une faculté dont l'abus a causé tant de malheurs aux États-Unis.

« Tout concourt donc en ce moment à encourager l'élan qui se manifeste dans les diverses branches du travail manufacturier en Espagne. Beaucoup de grandes industries n'ont pas encore

(1) Les directeurs estiment que ses opérations pourront commencer le 15 juillet.

répondu à l'appel. Le papier, les arts céramiques, les machines, les arts de précision, les arts chimiques, sont encore en retard ; mais ils essayent d'avancer, et tout le reste avance. Ce qui est notable, c'est que ce sont les plus grandes industries qui ont fait le plus de progrès. Que sont, par exemple, les succès de l'ébénisterie, en comparaison de ceux de l'industrie des fers, des soies et des laines, pour l'Espagne? Nous n'avons pas foi dans l'avenir des tissus de coton pour les qualités supérieures en Catalogne ; mais, dès que les ateliers de construction se seront perfectionnés, qui peut dire où s'arrêteront les progrès de la filature? Rien n'est vraiment stationnaire en industrie, dans ce pays, au moment où nous écrivons. Tout monte, certains produits lentement, d'autres rapidement ; mais le mouvement général est à la hausse, et la paix nous semble destinée ici, plus qu'ailleurs, à accélérer ce mouvement. »

FIN.

TABLE DES MATIÈRES.

BIBLIOTHEQUE ROYALE
FIN DE LA TABLE.